Inhalt

W0281414

Inhalt

Inhalt

Aprikosen-Knödel

Zutaten:

- 50 g Zucker, 300 g Mehl
- 250 g gut abgetropfter Magerquark
- 3 Eier, 1 Pr. Salz
- 10 Stücke Würfelzucker
- 10 kleine Aprikosen (oder 5 große und geviertelt zusammenlegen)
- ½ l Wasser
- 100 g Butter
- 80 g Semmelbrösel

Zubereitung:

Alles in den Mixtopf geben und **20 Sek./Stufe 4** mischen. Nun mit feuchten Händen 10 Knödel formen. In die Mitte jedes Knödels eine Aprikose mit 1 Stück Würfelzucker füllen. Die Knödel in den Einlegeboden vom Varoma® legen und verschließen. Wasser in den Mixtopf füllen. Mixtopf verschließen und Varoma® aufsetzen und **30 Min./Varoma®/Stufe 2** garen. Die Butter in einer Pfanne schmelzen lassen und die Semmelbrösel zugeben und goldgelb bräunen. Die fertigen Knödel darin wälzen und servieren.

Apfelklößchen mit Zimt

Maria Füssl

Zutaten:

- 500 g Äpfel (am besten: Elstar Äpfel)
- 20 g Butter, 2 Eier
- 1 Pr. Salz, 100 g Mehl
- 1 TL Backpulver, 3 EL Milch (n. Bed.)

Glasur:

- 50 g Butter
- 2 EL brauner Zucker
- etwas Zimt

Zubereitung:

Die Äpfel schälen, entkernen, in den Mixtopf geben, auf **Stufe 4** raspeln, umfüllen und in einem Sieb abtropfen lassen. Mehl, Ei, weiche Butter, Backpulver in den Mixtopf geben und **30 Sek./Stufe 5** mischen. Äpfel dazugeben. Mit zwei nassen Esslöffeln Klößchen aus dem Teig abstechen und in den gefetteten Garaufsatz legen. Wasser in den Mixtopf geben, verschließen, den Garaufsatz aufsetzen und **20 Min./ Varoma®/Stufe 1** garen. Die Klöße mit brauner Butter begießen und mit Zimt und Zucker bestreuen.

Auberginen mit Zwiebelfüllung

Zutaten:

- 4 Auberginen
- 4 große Zwiebeln
- 4 Zehen Knoblauch
- 5 Tomaten
- 1 TL Honig
- Salz, Pfeffer
- ½ l Wasser
- Öl zum Braten

Zubereitung:

Von den Auberginen die Haut in Streifen abhobeln, so dass sie gestreift aussieht. In Öl auf vier Seiten goldgelb anbraten und abkühlen lassen. Die Zwiebeln in Stücken und den Knoblauch **3 Sek./Stufe 5** zerkleinern und zusammen mit etwas Olivenöl **2 Min./100 °C/Stufe 2** anbraten. Die geschälten Tomaten in Stücken dazugeben und weiter dünsten bis keine Flüssigkeit mehr vorhanden ist (ohne MB immer mal wieder reinschauen) und abschmecken. Die Auberginen der Länge nach an einer Seite einschneiden. Danach mit zwei Gabeln auseinander ziehen. Leicht salzen und mit der Zwiebelmasse füllen. Wasser in den Mixtopf geben, die Auberginen in den Varoma® legen und **25 Min./Varoma®/Stufe 2** garen, bis das Gemüse weich ist (Stäbchenprobe). Dazu Reis oder Kartoffeln.

Blumenkohl im Varoma

Maria Füssl

Zutaten:

- 100 g Gruyere
- ½ l Wasser
- 1 EL Zitronensaft
- 1 kleiner Blumenkohl (ca.600 g)
- 150 g gekochter Schinken

Zubereitung:

Gruyere **15 Sek./Stufe 7** zerkleinern und umfüllen. Wasser und Zitronensaft in den Mixtopf geben und verschließen.
Den Blumenkohl in kleine Röschen teilen, in den Varoma legen und **ca. 25 Min./ Varoma®/Stufe 1** garen. Den gekochten Schinken zu Röllchen formen und auf eine vorgewärmte Platte legen, gegarten Blumenkohl darauf verteilen und zerkleinerten Käse über den noch heißen Blumenkohl streuen.

Variante: Wenn Sie noch Kartoffeln dazu essen möchten, können Sie den Gareinsatz einsetzen, die Kartoffeln darin mitgaren und anschließend in etwas Butter schwenken.

Anmerkung:
für 4 Pers. eine Vorspeise,
für 2 Pers. ein Hauptgericht

Bratwurst mit Gemüse, Kartoffelbrei und 2 Soßen

Zutaten:

- ½ l Wasser
- 750 g mehlige Kartoffeln
- 4 rohe Bratwürste
- 750 g Gemüse (Möhren, Kohlrabi, Paprika etc.), 100 – 200 ml Milch
- ½ TL Salz, 1 EL Butter
- 50 ml Sahne, Muskat, 50 g Käse
- 1 TL Gemüsesuppe (Instant)
- 100 ml Sahne
- ½ Bund Kräuter (nach Geschmack)

Zubereitung:

Kartoffeln schälen und in Stücke schneiden. Wasser in den Mixtopf geben, Kartoffeln in den Gareinsatz geben. Gareinsatz einhängen, Deckel verschließen.

Bratwürste enthäuten, zu Klößchen formen und in den Varoma® geben. Gemüse in Stücken auf die Bratwurst geben, Deckel verschließen, den Varoma® aufsetzen und **30 Min./Varoma®/Stufe 1** garen. Nach Ende der Garzeit Varoma® abnehmen und warm stellen. Garflüssigkeit auffangen und die Milch, Salz, Butter, Sahne, Muskat in den Mixtopf geben. Schmetterling einsetzen und **1 Min./100 °C/Stufe 1** erwärmen. Gegarte Kartoffeln zugeben, **ca. 20 Sek./Stufe 2-3** rühren, evtl. noch etwas Milch zugeben und ca. 3 - 4 EL Kartoffelbrei im Mixtopf belassen. 250 ml Garflüssigkeit, Käse, Gemüsesuppenextrakt, Sahne in den Mixtopf geben und **ca. 30 Sek./Varoma®/Stufe Turbo** pürieren. Die Hälfte der Soße in eine Schüssel geben, ½ Bund Kräuter (nach Geschmack) dazugeben und den Rest nochmals **30 Sek./Turbo** pürieren.

Bratkartoffel-Schnitzel-Auflauf

Eva Kühn

für 4 Personen

Zutaten:

- 400 g Kartoffeln (festk.)
- 300 g Schnitzel (Schwein, Pute, Hähnchen etc.), 2 EL Öl
- 20 g Butter, 1 Zwiebel, 1 TL Salz
- 20 g Speckwürfel, ¼ TL Pfeffer
- ½ TL Majoran, 5 Pr. Muskat
- 2 EL Milch, ½ TL Salz, 1 Becher Creme fraiche, 2 EL gehackte Kräuter (Schnittlauch, Petersilie, Thymian), Pfeffer aus der Mühle
- 100 g geriebenen Gouda

Zubereitung:

1 l Wasser in den Mixtopf geben und den Garkorb einsetzen. Kartoffeln waschen und in den Garkorb legen, **45 Min/Varoma®/Stufe 1** garen. In der Zwischenzeit die Zwiebel schälen und die Schnitzel waschen, trocken tupfen und in 8 kleine Stücke schneiden. Butter in einer Pfanne erhitzen, die Schnitzel kross anbraten und beiseite stellen. Kartoffeln abtropfen lassen, pellen und in Scheiben schneiden.

Zwiebel im Mixtopf auf **Stufe 5** zerkleinern. Öl in eine Pfanne geben und erhitzen, die Zwiebelwürfel und die Speckwürfel andünsten und die Kartoffelscheiben darin anbraten. Mit Salz, Pfeffer, Majoran und Muskat kräftig würzen.

Bratkartoffeln abwechseln mit den Schnitzeln in eine gefettete Auflaufform schichten. Creme fraiche, Milch, Kräuter, Salz und Pfeffer im Mixtopf **30 Sek/Stufe 3** vermischen. Über den Auflauf geben und mit Käse bestreuen. Im vorgeheizten Backofen bei 180 °C ca. 10 Min. überbacken

Bratwurstkugeln mit Zucchini

Sybille Krebs

Zutaten:

- 5 MB Gemüsebrühe
- 700 g geschälte Kartoffeln in Stücken
- 550 g Bratwurst
- 600 g Zucchini in Stücken
- 1 MB Sahne, 2 EL Mehl
- ½ TL Salz, ¼ TL Pfeffer
- 1 Pr. Muskat
- 4-5 Stängel Petersilie, fein geschnitten

Zubereitung:

Gemüsebrühe in den Mixtopf füllen. Kartoffeln in den Gareinsatz geben und den Thermomix verschließen. Bratwurstbrät aus der Haut drücken, kleine Kugeln formen und in den Varoma® geben. Zucchini zu den Bratwurstkugeln geben, Varoma® verschließen und **ca. 30 Min./Varoma®/Stufe 2** garen lassen.

4 MB Brühe im Mixtopf lassen, Sahne, Mehl, Salz, Pfeffer, Muskat zugeben und **3 Min./100 °C/Stufe 4** kurz aufkochen. Petersilie durch die Deckelöffnung zugeben und **ca. 5 Sek./Stufe 4** unterrühren.

Buntes Reisfleisch

Martina Shawky

für 4 Personen

Zutaten:

- 1 l Wasser, 1 TL Salz
- 250 g Basmati-Reis
- 500 g Schweinefilet, 500 g Tomaten
- 2 große Paprikaschoten (grün u. rot)
- 2 große Zwiebeln, 60 g durchwachsenen Speck, 20 g Butter
- ½ TL Salz, Pfeffer aus der Mühle
- 2 EL Tomatenmark, ¼ TL Paprika edelsüß, einige Spritzer Tabasco
- 3 Pr. Cayennepfeffer, 1 TL Basilikum (gehackt), 250 ml Rinderbrühe

Zubereitung:

Wasser und Salz in den Mixtopf geben und den Garkorb einsetzen. Den Reis in den Garkorb einwiegen. Reis kurz auf Turbo spülen. Schweinefilet waschen, trocken tupfen, in Würfel schneiden und auf den Einlegeboden legen.

Tomaten waschen, Stängelansätze herausschneiden und die Tomaten würfeln. Paprika putzen, waschen und würfeln. Beides in den Varoma® legen. Varoma® und Einlegeboden aufsetzen, mit Deckel verschließen und **30 Min./Varoma®/ Stufe 1** garen. Varoma® entfernen und beiseite stellen, den Reis in einer Schüssel warm halten und den Mixtopf leeren. Zwiebeln schälen und im Mixtopf auf **Stufe 5** zerkleinern.

Butter dazu geben und **2 Min./Varoma®/Stufe 1** dünsten. Den Speckwürfeln, dazugeben und weitere **3 Min./Varoma®/Stufe 1** dünsten. Das Gemüse und Fleisch aus dem Varoma®, sowie den Reis in den Mixtopf geben, Salz, Pfeffer, Tomatenmark, Tabasco, Paprika edelsüß, Cayennepfeffer, Basilikum und Rinderbrühe hinzufügen und **7 Min./100 °C/↺/Stufe 1** (TM 21 Gemüse, Reis und Fleisch in eine Schüssel füllen und nur die Soße herstellen) zu Ende garen.

Bratwurst-Schnitzel mit Käse

Manuela Schröder

Zutaten:

- 4 dünne Schnitzel
- 1 Bratwurst (grob oder fein nach Geschmack)
- 4 Scheiben Scheiblettenkäse oder Gouda
- Salz und Pfeffer
- Zahnstocher
- 500 ml Wasser

Zubereitung:

Schnitzel mit dem Steakklopfer flach klopfen, salzen und pfeffern. Die Bratwurst in 4 gleiche Teile schneiden. Schnitzelhälfte damit belegen und flach drücken oder Bratwurstbrät nehmen. Nun diese noch mit ½ Käsescheibe belegen und den Rest Schnitzel drüber klappen und mit einem Zahnstocher fixieren. Nun das Wasser in den TM füllen.

2 Schnitzel in den Varoma® und 2 Schnitzel in den Einlegeboden legen. Den Deckel schließen, Varoma® aufsetzen und **30 Min./Varoma®/Stufe 2** garen. 5 Min. vor Garzeitende jedes Schnitzel mit den restlichen halben Käsescheiben belegen. Dazu Pommes oder Rösti und Salat reichen. Wer mag, legt noch Gemüse mit in den Varoma® ein.

Bayrische Krautkrapfen

Manuela Schröder

(12-14 Krapfen)

Zutaten:

- 500 ml Wasser
- 380 g Mehl
- 2 Eier
- ½ TL Salz
- ½ TL Öl
- 3-5 EL lauwarmes Wasser
- 250 g durchwachsener Speck
- 500 g Sauerkraut

Zubereitung:

Butter, Mehl, Eier, Salz, Öl und Wasser in den Mixtopf füllen und **3 Min./Brotstufe** zu einem geschmeidigen Teig verkneten. Umfüllen und 30 Min. ruhen lassen.

Den Speck fein würfeln und **3 Min./100 °C/Stufe 2** dünsten. Nun den Teig dünn ausrollen. Das Sauerkraut auf dem Teig gleichmäßig verteilen, den Speck mit dem Fett darüber geben und zusammenrollen.

Anschließend in 5-6 cm lange Stücke schneiden. Die Krapfen in den mit Butter gefetteten Varoma® geben (einige Luftschlitze freilassen). Das Wasser in den Mixtopf geben und **ca. 25 Min/100 °C/ Stufe 1** dämpfen, nett anrichten und servieren. Wer eine Soße dazu möchte, macht aus dem Garsud eine, falls es ihm zu trocken ist.

Blumenkohl-Mett-Auflauf

Bianca Eggert

für 4 Personen

Zutaten:

- 600 g Kartoffeln
- 1 EL Gemüsebrühe (Instant)
- 1 Blumenkohl (ca. 1kg)
- 300 g Mett, 1 El Öl, 1 Zwiebel
- Fett für die Form, ¼ l Milch
- 30 g Mehl
- 75 g geriebenen Hartkäse
- ¼ TL Salz, 3 Pr. weißer Pfeffer
- 2 EL Paniermehl, 1 EL Butter
- etwas Petersilie

Zubereitung:

600 g Wasser und Gemüsebrühe in den Mixtopf füllen. Kartoffeln schälen, waschen und in Scheiben schneiden. In den Garkorb füllen, Garkorb in den Mixtopf einhängen und Topf verschließen. Blumenkohl waschen und in kleine Röschen teilen, in den Varoma® legen, Varoma® aufsetzen und alles **15 Min./Varoma®/Stufe 1** vorgaren. In einer Pfanne das Mett im heißen Öl krümelig anbraten. Zwiebel schälen, Auflaufform einfetten. Nach dem Garen die Kartoffeln in die Auflaufform schichten, den Kohl und das Mett darauf verteilen. Garwasser auffangen!

Die Zwiebel bei laufendem Messer auf **Stufe 5** in den leeren Mixtopf fallen lassen. Garwasser, Milch, Mehl, geriebenen Käse, Salz und Pfeffer dazu und **7 Min./100 °C/Stufe 1** kochen.

Die Käsesoße über den Auflauf gießen. Paniermehl und Fett in Flöckchen darauf setzen. Im vorgeheizten Backofen bei 200 °C (Umluft: 175 °C) 20 Min. goldgelb überbacken. Mit Petersilie verzieren und genießen! Super lecker, falls TK-Blumenkohl genommen wird, bitte länger vorkochen lassen.

Blumenkohl mit Hack gefüllt

Maria Füssl

Zutaten:

- 1 Blumenkohl (ca. 500 g) gesäubert, 500 g Wasser
- etwas Salz, 400 g gewürztes Hack

für die Soße:

- 30 g Butter oder Margarine
- 40 g Mehl, 3/8 l Flüssigkeit (Garflüssigkeit und Milch)
- 100 g geriebenen Käse, 1 Ei
- Salz, Pfeffer
- Zitronensaft

Zubereitung:

Blumenkohl (ggf. zerteilen) in den Garaufsatz legen, Wasser in den Mixtopf füllen und schließen. Varoma® oben drauf stellen und **20 Min./Varoma®/Stufe 1** garen. Garsud auffangen. Das Hackfleisch gut gewürzt im Blumenkohl „verteilen" (in die Lücken stopfen) und diesen in eine Auflaufform legen. Die Butter **ca. 1 Min./80 °C/ Stufe 2** schmelzen. Mehl zugeben (TM **Stufe 2** weiterlaufen lassen) und mit der Garflüssigkeit und der Milch ablöschen. Noch **ca. 5 Min./100 °C/Stufe 2** aufkochen lassen. Anschließend mit etwas Käse (nicht alles), Pfeffer, Salz und dem Zitronensaft abschmecken. Das Ei auf **Stufe 2** unterrühren. Die Soße über den Blumenkohl schütten und den restlichen Käse drüber streuen. Im vorgeheizten Backofen bei 220 °C ca. 25 - 30 Min. backen. Dazu Kartoffeln reichen.

Bratäpfel

Zutaten:

- 40 g Mandeln
- 1 Pr. Zimt
- 50 g Marzipanrohmasse
- 30 g getrocknete Aprikosen
- 30 g Rosinen
- ¾ MB Rum, Kirschwasser oder Birnengeist
- 6 mittlere Äpfel
- Zitronensaft

Zubereitung:

Mandeln in den Mixtopf geben und **3 Sek./Turbo** zerkleinern. Zimt, Marzipan, Aprikosen und Rosinen dazugeben und **15 Sek./Stufe 4** zerkleinern und in eine Schüssel umfüllen. Den Schnaps darüber gießen und ca. ½ Std. einweichen lassen.
Äpfel waschen, Kerngehäuse ausstechen und das Innere mit Zitronensaft beträufeln. Die Füllung in die Äpfel geben und diese in den Garaufsatz setzen. ½ l Wasser in den Mixtopf füllen und verschließen. Varoma aufsetzen und **15 Min./Varoma®/ Stufe 1** garen.

Bacon-Kartoffeln mit Dip

Nicole Huber

für 4 Personen

Zutaten:

- 12 mittelgroße Kartoffeln (ca.700 g), 750 g Wasser
- 1 TL Salz, 1 Ei, 200 g Quark (20%)
- 5 EL Milch, 1 kleine Zwiebel
- 1 kleine Gewürzgurke (aus dem Glas), 1 EL Petersilie
- ½ TL Dill, Salz, 3 Pr. Pfeffer, 1 Apfel
- 1 TL getrockneten Thymian
- 6 dünne Scheiben Bacon (Frühstücksspeck ca. 60 g), 1 EL Öl

Zubereitung:

Wasser und Salz in den Mixtopf geben und den Garkorb einsetzen. Die Kartoffeln kräftig abbürsten, in den Garkorb und Varoma® legen und das Ei dazulegen. Anschließend **30 Min./Varoma®/Stufe 1** garen. Kartoffeln abschrecken, abkühlen lassen und eventuell pellen (muss aber nicht bei neuen Kartoffeln). Ei abschrecken, abkühlen lassen, dann abpellen und mit dem Eierschneider in Würfel schneiden. Den Mixtopf leeren. Zwiebel schälen und im Mixtopf auf **Stufe 5** hacken. Gewürzgurke grob teilen und in den Mixtopf geben.

Den Apfel schälen, entkernen u. in Vierteln in den Mixtopf geben. Alles **4 Sek./Stufe 5** zerkleinern. Quark, Milch, Petersilie, Dill, Salz, Pfeffer, 1 EL Gurkensud und die Eierwürfel dazugeben und **30 Sek./Stufe 4** vermengen. Den Dip in eine Schale umfüllen. Speckscheiben halbieren, je 1 Speckscheibe um 1 Kartoffel wickeln und mit einer Rouladennadel feststecken. Öl in einer Pfanne erhitzen und die Kartoffeln darin knusprig anbraten und mit Thymian, Salz und Pfeffer würzen.

Chicorée-Auflauf mit Reis

Susanne Krause

Zutaten:

- 4 Stauden Chicorèe
- 2 Scheiben gekochter Schinken, 200 g Reis
- ¾ l Wasser (750 g)
- 1 EL gekörnte Brühe
- 2 P. helle Soße (Soße: 40 g Butter, 40 g Mehl, 200 g Garsud, 200 g Milch,100 g Sahne)
- etwas Weißwein
- Muskat, 1 Pr. Pfeffer
- ger. Käse (100 g Edamer in Stücken)

Zubereitung:

Chicorée halbieren, den bitteren Mittelkern entfernen und dann die Chicorée jeweils mit einer ½ Scheibe gekochten Schinken umwickeln und in den Varoma® und Einsatz legen. Edamer **10 Sek./Stufe 6** mixen und umfüllen. Wasser mit gekörnter Brühe auf **Varoma®-Stufe** erhitzen (750 g Wasser mit der gekörnten Brühe in den Mixtopf geben. Reis in den Garkorb einwiegen.). Garkorb mit Reis einsetzen, Varoma® aufsetzen und **25 Min. (30 Min.)/Varoma®** garen. Reis in ofenfeste Form füllen und den Chicorée auf dem Reis verteilen. Aus dem Garsud mit 2 P. „Heller Soße", etwas Weißwein, Muskatnuss und etwas geriebenem Käse eine Soße herstellen. Garsud auffangen. Butter **2 Min./100 °C/Stufe 1** schmelzen. Mehl dazugeben und weitere **2 Min./100 °C/Stufe 1** anschwitzen. Restliche Soßenzutaten dazugeben + 2 EL vom Käse **6 Min./90 °C/ Stufe 4** aufkochen und über das Gemüse und den Reis gießen. Mit etwas geriebenen (dem restlichen) Käse bestreuen und im Backofen bei 200 °C bräunen lassen.

Currysoße mit Wirsing und Basmatireis

Zutaten:

- 2 Wurzeln (Karotten)
- 600 g Wirsingkohl
- 2 Pr. Salz, 2 Zwiebeln
- 1 Apfel ohne Schale geviertelt
- 2 EL Öl, 200 g Basmatireis
- 700 ml Wasser, 2 EL Gemüsebrühe

Soße:

- 1 Becher Schmand, 1-2 EL Currypulver, 30 g Speisestärke, 50 ml Apfelsaft

Zubereitung:

Wurzeln in Stücke in den Varoma®-Einsatz legen. Wirsing in Stücken in 2 Arbeitsschritten **4 Sek./Stufe 4** grob zerkleinern. Spatel zu Hilfe nehmen. Kohl über die Wurzeln verteilen und etwas salzen. Zwiebel und Apfel ohne Schale in Viertel geteilt in den TM geben und **10 Sek./Stufe 4** zerkleinern. Öl zugeben und **5 Min./Varoma®/Stufe 1** glasig andünsten. Reis im Garkorb durchwaschen. Wasser und Brühe in den Mixtopf geben und Garkörbchen einhängen.
Deckel darauf legen und verschließen. Nun **30 Min./Varoma®/Stufe 1** einstellen und alles garen. Reis und Gemüse warmstellen. Für die Soße die Zutaten in den Mixtopf füllen und alles **4 Min./90 °C/Stufe 3** mischen und aufkochen. Soße über den Wirsing geben, kurz umrühren und mit dem Reis servieren.

Chinakohlpäckchen mit Kabeljau

Julia Bergmüller

für 4 Personen

Zutaten:

- 12 große Chinakohlblätter
- 1 Bund Schnittlauch
- 500 g Kabeljau, 1 Ei
- 80 g Schmand, 1 EL Zitronensaft
- ½ TL geriebene Zitronenschale
- ½ TL Salz, ¼ TL Pfeffer
- ¾ l Gemüsebrühe, 200 g Reis

Soße:

- 2 MB Fischfond, 70 g Erdnussbutter
- 120 g Tomatenketchup, ¼ TL Salz
- ½ TL Chilipulver, 1 EL Erdnüsse

Zubereitung:

Chinakohlblätter in kochendem Salzwasser blanchieren, auf Küchenkrepp abtropfen lassen und die Rippen flach schneiden. Schnittlauch ebenfalls kurz blanchieren und trocken tupfen. Kabeljaustücke **ca. 15 Sek./Stufe 5** pürieren. Ei, Schmand, Zitronensaft, Zitronenschale, Salz, und Pfeffer zugeben, **ca. 10 Sek./Stufe 2** unterrühren und umfüllen. Gemüsebrühe in den Mixtopf füllen. Reis in den Gareinsatz geben, den Gareinsatz in den Mixtopf einsetzen und den Thermomix auf **25 Min./ Varoma®/Stufe 2** stellen. Jeweils 2 TL Fischfarce in die Mitte eines vorbereiteten Chinakohlblättes geben, zu einem Säckchen zusammenfalten und mit Schnittlauchhalmen zusammenbinden. Die Päckchen in den Varoma® geben und 10 Min. vor Ablauf der Zeit auf den Thermomix setzen. Nach Ablauf der Zeit Varoma® abnehmen, Gareinsatz herausnehmen und Mixtopf leeren.

Soße zu Chinakohlpäckchen: Fisch-Fond

Erdnussbutter, Tomatenketchup, Chilipulver, Salz zusammen in den Mixtopf geben und **4 Min./80 °C/Stufe 2** kochen. 1 EL Erdnüsse zugeben und **5 Sek./Stufe 6** unterrühren.

Curry-Huhn mit Champignons

Susanne Melm

Zutaten:

- 500 g Hähnchenbrust
- Salz und Pfeffer
- 150 g Champignons, 50 g Zwiebeln
- 150 g Äpfel, 2 Tomaten
- 160 g Paprika grün
- 220 g Basmatireis, ¾ l Hühnerbrühe
- 2 Salbeiblätter
- 4 EL Sahne
- 1 EL Zitronensaft
- 1-2 EL Curry

Zubereitung:

Die Hähnchenbrust in ca. 1 cm dicke Streifen schneiden, in den Varoma® legen und mit Salz und Pfeffer würzen. Champignons in Scheiben schneiden und in den Varoma®-Einlegeboden geben.

Zwiebel, Äpfel, grünen Paprika in grobe Stücke geschnitten in den Mixtopf geben, **ca. 3-4 Sek./Stufe 5** zerkleinern und zu den Champignons geben. Tomaten in Stücke schneiden und ebenfalls zu dem Gemüse geben. Den Einlegeboden auf den Varoma® geben und verschließen. Basmatireis in den Gareinsatz geben. Hühnerbrühe und fein zerkleinerte Salbeiblätter in den Mixtopf geben. Den Gareinsatz einsetzen, Mixtopf verschließen, Varoma® aufsetzen u. **30 Min./Varoma®/Stufe 2** garen. Nach Ende der Garzeit Reis und Gemüse mit Fleisch in je eine vorgewärmte Schüssel geben. Sahne, Zitronensaft und Curry zur Garflüssigkeit in den Mixtopf geben und **ca. 30 Sek./Stufe 2** mischen. Alles über das Fleisch-Gemüse-Gemisch gießen und mit Reis servieren.

Curryböllchen mit Kokossoße und Kürbis

Anja Kranebitter

Zutaten:

- 1 altes Brötchen, 1 Zwiebel
- 1 Knoblauchzehe, 1 Ei
- 550 g gemischtes Hack
- 1 TL scharfer Senf, Salz, Pfeffer
- Paprika, Curry, 400 g Kürbis in Stücken, 300 g Zucchini, 1 l Wasser
- 1 TL Salz, 300 g Reis, 30 g Butter
- 1 EL Mehl, 300 g Garflüssigkeit
- 300 g Kokosmilch, 2 TL Curry
- 1 Pr. Salz, 1 TL Gemüsebrühe

Zubereitung:

Das Brötchen in Wasser einweichen. Die Zwiebel, Knoblauchzehe **4 Sek./Stufe 5** zerkleinern. Ei, Hack, Senf, das ausgedrückte Brötchen, Salz, Pfeffer, Paprika, Curry in den Mixtopf füllen und **2 Min./↺/Stufe 2** mischen (mit dem Spatel). Hackbällchen formen und in den Varoma® und den Einlegeboden verteilen, mit etwas Paprikapulver bestreuen. Kürbis und Zucchini in Scheiben um die Hackbällchen verteilen. Wasser und Salz in den Mixtopf geben, Reis ins Garkörbchen füllen und alles **30 Min./Varoma®/Stufe 1** garen. Umfüllen und warm halten. Die Garflüssigkeit auffangen und den Schmetterling einsetzen.

Butter schmelzen und Mehl dazugeben.
Garflüssigkeit, Kokosmilch, Curry, Salz, Gemüsebrühe einfüllen und nochmals **5 Min./100°C/Stufe 2** kochen.

Chinesisches Gemüse mit Pute und Reis

Zutaten:

- 1 l Wasser, 220 g Reis
- 400 g Putenfleisch
- 2 EL Chinawürze
- 750 g Chinagemüse Tiefkühl
- 1 Dose Ananas

Soße:

- ¼ l Garflüssigkeit, Ananassaft
- 1 MB Sahne oder Kokosmilch
- 20 g Speisestärke, 1 TL Currypulver
- Salz, Pfeffer, 1 EL Sojasoße

Zubereitung:

Wasser in den Mixtopf geben, Garkorb einhängen und Reis abwiegen. Putenfleisch, klein schneiden, mit Chinawürze würzen und in den Einlegeboden legen. Chinagemüse gefroren in den Varoma® geben und ebenfalls Ananas in Stücken zugeben (Saft für die Soße aufheben). Deckel schließen, Varoma® aufsetzen und alles **ca. 30 Min./Varoma®/Stufe 4** garen. Varoma® und Reis entnehmen und warm stellen.

Für die Soße: Garsud, Ananassaft, Sahne oder Kokosmilch, Speisestärke, Currypulver, Salz, Pfeffer und einen Schuss Sojasoße zugeben und nochmals **3 Min./90 °C/ Stufe 4** kochen. Wer die Pute etwas brauner haben möchte, kann sie mit etwas Öl in der Pfanne vorher anbraten.

Champignons mit Semmelknödel

Julia Bergmüller

Zutaten:

- 8 Brötchen vom Vortag
- ½ Bund Petersilie, 1 Zwiebel
- 30 g Butter, 120 ml Milch
- 3 Eier, ½ TL Salz, ¼ TL Pfeffer
- Muskat, 1 Zwiebel, 50 g Butter
- 600 ml Wasser, 1 Becher Sahne
- 2 EL Soßenbinder oder Stärkemehl
- 1 EL Gemüsebrühe
- Salz, Pfeffer
- 350 g frische Champignons

Zubereitung:

Brötchen vom Vortag in zwei oder drei Teilen in den Mixtopf geben und langsam auf **Stufe 6-7** hochdrehen, zerkleinern und umfüllen. Petersilie auf **Stufe 5** zerkleinern. Zwiebel, Butter dazugeben und **1 Min./100 °C/Stufe 2** andünsten. Milch, Eier, Salz, Pfeffer, Muskat ebenfalls einfüllen und nochmals **1 Min./90 °C/Stufe 2** kochen. Diese Mischung nun über die zerkleinerten Brötchen geben und Knödel formen.
Die Knödel in den Varoma® legen. Zwiebel **ca. 5 Sek./Stufe 3** zerkleinern, Butter dazugeben und **1 Min./90 °C/Stufe 2** andünsten.

Nun Wasser einfüllen und Varoma® aufsetzen und **30 Min./Varoma®/Stufe 1** gar dämpfen. In den Mixtopf zur restl. Flüssigkeit den Becher Sahne (ersatzweise Milch), Soßenbinder, Gemüsebrühe (Pulver), Salz, Pfeffer und frische Champignons zugeben und mit **Varoma®** nochmals ca. **6 Min.** fertig garen.

Curry-Gulasch

Maria Füssl

Zutaten:

- 700 g Schweine- oder Lammgulasch
- 1 EL Öl, 1 Zwiebel, 700 ml Wasser
- Reis oder Kartoffeln, Gemüse
- 1 EL Brühepulver (oder Suppengrundstock), 1-2 EL Curry
- 1 TL Speisestärke
- 2 EL Kaffeesahne
- Pfeffer, Salz
- Paprika nach Geschmack

Zubereitung:

Schweine- oder Lammgulasch in kleine Würfeln schneiden. Die Zwiebel **3 Sek./Stufe 5** zerkleinern. Jetzt 700 ml Wasser einfüllen. Das Gulasch mit Salz, Pfeffer und Paprika würzen und anschließend in den Varoma® legen.
Wer mag, kann Reis oder Kartoffeln im Garkörbchen mit kochen oder man kann auch noch Gemüse mit in den Einlegeboden legen und mitkochen.
Nun den Varoma® auf den TM setzen und **ca. 40 Min./Varoma®/Stufe 1** einstellen. Nach Ablauf der Zeit Varoma® entnehmen und beiseite stellen. Garsud sollte ca. 250 ml - 300 ml sein, sonst entsprechend auffüllen. Nun Brühepulver einstreuen, Curry, Speisestärke, Kaffeesahne, Pfeffer, Salz, Paprika etc. nach Geschmack dazugeben und nochmals **2 Min./90 °C/Stufe 2** eine Soße herstellen.

Chinesische Dampfbrötchen (Pao Tzu)

Martina Shawky

Zutaten:

Teig: (ergibt 15 Stück, 9 bekommt man in den Varoma®, Rest kann man einfrieren)

- 400 g Mehl (Typ 405)
- 160 ml Wasser, 1 P. Trockenhefe
- 1 EL Pflanzenöl, 1 EL Zucker

Füllung:

- 250 g Hack, 3 Frühlingszwiebeln
- 150 g Chinakohl, 1 EL Sojasoße
- 1 TL Sesamöl, ½ TL Salz
- 1 TL Zucker

Zubereitung:

Alles in den Mixtopf geben und **2 Min./Knetstufe** verkneten. Teig muss fest sein. Aus dem Mixtopf nehmen und nochmals 1 Min. per Hand verkneten. Zwei Stunden an einem warmen Ort gehen lassen. Danach nochmals per Hand durchkneten, wieder zwei Stunden gehen lassen. Für die Füllung: Hackfleisch in den Mixtopf geben und Frühlingszwiebeln klein schneiden und hinzugeben. Chinakohl klein schneiden und hinzugeben.

Sojasoße, Sesamöl, Salz, Zucker hinzugeben, **↺/Stufe 3** vermischen und 1 Stunde ziehen lassen. Den fertigen Teig in eine ca. 5 cm dicke Rolle formen und in 2-3 cm dicke Stücke schneiden. Diese kreisrund ausrollen (ca. 10 cm Durchmesser) und 1-2 EL Füllung in die Mitte geben.

Den Teigrand zusammenklappen und oben zusammendrücken (oder zwirbeln), die Füllung muss ganz umschlossen sein. Die Dampfbrötchen in den Einlegeboden des Varoma® legen und **30 Min./Varoma®/Stufe 1** dampfgaren.

Dampfnudeln

Zutaten:

Teig

- 400 g Mehl
- 1 Ei
- ½ Würfel Hefe
- 1 Schuss Öl
- ca. 200 ml lauwarme Milch

Zubereitung:

Alles in den Mixtopf füllen und **2 Min./Brotstufe** verkneten. In eine Schüssel umfüllen und ca. 30 Min. gehen lassen. Mind. ½ l Wasser in den Mixtopf füllen und Deckel schließen. Aus dem Teig Kugeln formen und in den gefetteten Garaufsatz legen. Nun alles **30 Min./Varoma®/Stufe 1** garen. Wer kleinere Kugeln lieber mag, solle dann noch den Einlegeboden mit hinzunehmen.
(1 ½ TL Salz dazu, aber nur verwenden wenn man die Dampfnudeln z.B. zu Gulasch essen möchte, sonst sind sie zu salzig.) Man kann sie auch lecker mit Pflaumenmus füllen und mit Vanillesoße verzehren.

Dänische Reis-Pfanne mit Lachs

für 4 Personen

Zutaten:

- 1 l Wasser
- 250 g Basmati-Reis
- 400 g TK-Lachs (rosa)
- 200 g Blumenkohl, 200 g Brokkoli
- 200 ml Gemüsebrühe
- 200 ml Sahne
- 1 EL Petersilie
- 1 TL Estragon
- ½ TL Salz
- ¼ TL weißer Pfeffer

Zubereitung:

Wasser und 1 TL Salz in den Mixtopf geben, Garkorb einsetzen und Reis einfüllen. Kurz auf **Turbo** spülen.

Lachs in Würfel schneiden und in den Einlegeboden legen. Blumenkohl und Brokkoli waschen, abtropfen lassen und in kleine Röschen teilen, diese in den Varoma® legen. Mixtopf verschließen, Varoma® aufsetzen und **30 Min./Varoma®/Stufe 1** garen.

Varoma® beiseite stellen, Reis warm halten und Mixtopf leeren. Gemüsebrühe, Sahne, Petersilie, Estragon, Salz und Pfeffer in den Mixtopf füllen und **7 Min./100 °C/Stufe 1** erhitzen. Das Gemüse und den Lachs dazu geben und weitere **3 Min./90 °C/↺/Stufe 1** zu Ende garen.

Ei, Gemüse mit Käsesoße

Martina Shawky

Zutaten:

- ½ l Wasser
- 2 Kartoffeln
- Gemüse nach Wahl (z.B. Blumenkohl, Brokkoli, Karotten etc.)
- 100 g Camembert
- 2 - 4 Eier
- 1 Brühwürfel

Zubereitung:

Mixtopf mit Wasser füllen. In den Gareinsatz die geschälten, geviertelten Kartoffeln geben. In den Varoma® das Gemüse und die Eier legen. Mit Kräutersalz würzen und **25 Min./Varoma®/Stufe 1-2** dünsten. Alles beiseite stellen.

Zu einem Teil der im Mixtopf befindlichen Soße den Brühwürfel und den Camembert geben. Rest aufbewahren oder wegschütten. Auf **Turbo** mixen. Die Eier kann man gleich warm dazu essen.

Eierfrikassee mit Naturreis

Eva Kühn

Zutaten:

- 250 g Reis
- 1 Glas Champignons
- 1 Glas Spargel
- 2 EL Gemüsebrühe instant
- 7 Eier

Soße:

- 100 ml Weißwein, 30 g Speisestärke
- ¼ TL Muskat, 1 Eigelb
- Zitrone, Pfeffer
- Petersilie

Zubereitung:

Reis so lange waschen bis das Wasser klar bleibt. Dann ins Garkörbchen füllen. Varoma® oben auf den Topf stellen und Champignons und Spargel darüber abtropfen lassen. Flüssigkeit bis auf 750 ml auffüllen. Gemüsebrühe Instant dazugeben und nun Garkörbchen einhängen. Die Champignons und den Spargel in Stücken in den Einlegeboden des Varoma®s füllen. Einige Löcher freilassen. Eier in den Varoma® legen. Alles zusammensetzen und **25 Min./Varoma®/Stufe 1** garen.

Reis warm stellen, Champignons und Spargel in eine Schüssel füllen. Eier pellen, halbieren und ebenfalls in die Schüssel füllen. Soßenzutaten zur Garflüssigkeit geben und **3 Min./90 °C/Stufe 3** einkochen lassen.

Mit Zitrone, Pfeffer, Petersilie abschmecken und kurz **10 Sek./Stufe 8** mischen. Soße in die Schüssel füllen und mit dem Reis servieren.

Wer mag, kann auch lieber Kartoffeln nehmen.

Eier mit Currysoße und Reis

Martina Shawky

für 4 Personen

Zutaten:

- 6 Eier
- 250 g Basmatireis
- 750 ml Wasser
- 1 TL Salz, 1 EL Öl
- 1 Zwiebel
- 1 TL Currypulver
- 3 EL Kokosflocken
- 400 g Joghurt
- ½ TL Salz, 3 Pr. Pfeffer
- 1 EL Petersilie (gehackt)

Zubereitung:

Wasser und Salz in den Mixtopf geben und Garkorb einsetzen. Den Reis in den Garkorb einwiegen, Mixtopf verschließen und den Reis kurz auf **Turbo** spülen. Die Eier in den Varoma® legen, aufsetzen und **30 Min./Varoma®/Stufe1** garen. Die Eier abkühlen lassen, den Reis in eine Schüssel umfüllen, warm halten und den Mixtopf leeren. Die Zwiebel schälen und bei **Stufe 5** im Mixtopf zerkleinern. Öl dazugeben und **2 Min./Varoma®/Stufe 1** andünsten. Kokosflocken dazugeben und weitere **3 Min./Varoma®/Stufe 1** dünsten. Joghurt, Currypulver, Petersilie, Salz und Pfeffer einfüllen und **7 Min./80 °C/Stufe 3** garen. Die Eier abpellen und halbieren. Die Soße in eine Schüssel füllen und die Eier hineinlegen. Das Eier-Curry zum Reis servieren.

Erdnuss Schnitzelröllchen

Rosi Bilk

für 4 Personen

Zutaten:

- 1000 g Wasser, 1 TL Salz
- 250 g Basmatireis
- je 1 Paprikaschote, rot und gelb
- 4 Schweineschnitzel, Salz, Pfeffer
- 4 EL Erdnusscreme, 2 EL Distelöl
- 100 g Erdnüsse (ungesalzen)
- 1 Dose geschälte Tomaten (400 g)
- 100 ml Wasser, 2 EL Tomatenmark
- 2 EL Essig, 6 EL Orangensaft
- 3 EL Zucker, 2 EL Sojasoße
- 2 TL Gemüsebrühe, 20g Mehl

Zubereitung:

Wasser und Salz in den Mixtopf geben und den Garkorb einsetzen. Den Reis in den Garkorb einwiegen und kurz auf **Turbo** spülen. Mixtopf verschließen und den Varoma® aufsetzen. Die Paprika putzen, waschen, würfeln und einlegen. Varoma® verschließen und **30 Min./Varoma®/Stufe 1** garen. In der Zwischenzeit die Schnitzel waschen, trocken tupfen, dünn klopfen, mit Salz und Pfeffer würzen und mit Erdnusscreme bestreichen.

Die Schnitzel aufrollen und mit Rouladennadeln fixieren und im erhitzten Öl in einer Pfanne anbraten. Wasser aufgießen und abgedeckt ca. 10-15 Min. garen und anschließend warm halten. Das Paprikagemüse in einer Schüssel warm halten, die Erdnüsse dazugeben. Den Reis in einer weiteren Schüssel warm halten und Wasser ausleeren. Die geschälten Tomaten inklusive Saft in den Mixtopf geben und **5 Sek./Stufe 5** mixen. Wasser, Tomatenmark, Essig, Orangensaft, Zucker, Sojasoße, Gemüsebrühe und Mehl dazugeben und **6 Min./100 °C/Stufe 2** kochen. Die letzen **15 Sek.** die Soße auf **Stufe 8** pürieren. Die Soße über die Paprika & Erdnüsse gießen. Die Schnitzelröllchen mit dem Reis und dem Gemüse servieren.

Erbsenragout mit Hackbällchen

Martina Shawky

für 4 Personen

Zutaten:

- 30 g Gerste
- 70 g Petersilie
- 2 Scheiben Toastbrot
- 1 Knoblauchzehe, 1 Zwiebel
- 1 EL Olivenöl, 1 Bund Schnittlauch
- 380 g Rinderhack, 1 Ei
- ½ TL Pfeffer, ½ TL Paprikapulver
- ½ TL Salz, 300 g Möhren
- 300 g TK Erbsen, 1 l Gemüsebrühe
- 200 g Basmatireis

Zutaten:

Soße:

- 30 g Gerste (klein mahlen, 1 ½ Min./Stufe Turbo)
- 2 ½ MB Garsud
- 100 g Creme Fraiche
- ½ TL Salz
- 1 Pr. Koriander
- 2 Pr. Pfeffer, 1 Pr. Muskat

Zubereitung:

Petersilie **8 Sek./Stufe 8** zerkleinern und umfüllen. Toastbrot in Wasser einweichen. Knoblauchzehe und Zwiebel in Stücke **ca. 5 Sek./Stufe 3** zerkleinern. Olivenöl zugeben und **3 Min./100 °C/Stufe 1** anbraten. Die Hälfte der zerkleinerten Petersilie, Schnittlauch (fein zerkleinert), Rinderhackfleisch, ausgedrücktes Toastbrot, Ei, Pfeffer, Paprikapulver und Salz zugeben und **10 Sek./Stufe 3-4** gut vermischen. Daraus ca. 10 kleine Bällchen formen und diese in den Varoma® und Varoma®einsatz legen. Möhren, in kleinen Stücken, TK-Erbsen (gefroren) ebenfalls im Varoma® und Varoma®einsatz verteilen. (Bitte achten Sie darauf, dass genügend Schlitze offen bleiben.) Gemüsebrühe in den Mixtopf füllen. Basmatireis in den Gareinsatz geben, diesen in den Mixtopf einhängen, verschließen und Varoma® aufsetzen. Alles **35 Min./Varoma®/Stufe 1-2** garen lassen und Garflüssigkeit umfüllen.

Soße: Garflüssigkeit, Gerstenmehl, Creme fraiche, Salz, Koriander, Pfeffer, Muskat zusammen in den Mixtopf geben und **2 Min./100 °C/Stufe 2** aufkochen lassen.

Restliche Petersilie nach Ende der Garzeit durch die Deckelöffnung zugeben und **ca. 15 Sek./Stufe 4** unterrühren.

Fisch mit Curry-Sahne-Soße

Sandra Werthebach

Zutaten:

- 200 g Langkorn-Naturreis
- 4 Fischfilets à 150 g
- Zitronensaft
- 700 ml Salzwasser
- 100 g Zwiebeln
- 300 g Äpfel
- 30 g Erdnussöl
- 1 ½ MB Sahne
- 1 ½ MB Gemüsebrühe
- 1 TL Salz, 2 EL Curry

Zubereitung:

Langkorn-Naturreis in den Gareinsatz geben und diesen zum Quellen ca. 1 Std. in eine Schüssel mit kaltem Wasser stellen. Fischfilet säubern, mit Zitronensaft beträufeln, trocken tupfen und beiseite stellen. Salzwasser in den Mixtopf geben, Gareinsatz einhängen und **40 Min./Varoma®/Stufe 1** garen. Vorbereiteten Fisch in den Varoma®-Einlegeboden legen und ca. 15-20 Min. vor Ablauf der Garzeit aufsetzen (Zeit richtet sich nach der Dicke des Fisches). Zwiebeln und Äpfel **5 Sek./Stufe 5** zerkleinern. Erdnussöl zugeben und **4 Min/100 °C/Stufe 1-2** mit Hilfe des Spatels dünsten. Sahne, Gemüsebrühe, Salz, Curry zugeben, **3 Min./100 °C/Stufe 2** und **1 Min./100 °C/Stufe 4** kochen lassen und mit dem Reis und Fischfilet servieren.

Fischfilet mit Spargel und Blumenkohlröschen in Senfsoße

Natascha Kaiser

Zutaten:

- 1 l Wasser, 300 g Naturreis
- Salz, 3 große Fischfilets
- Zitronensaft, Salz, Pfeffer
- Fischgewürz, 500 g Spargel
- 200 g Blumenkohl

Zutaten:

Soße:

- 1 TL Würze für die Soße
- ¼ l Brühe (Garsud)
- 2 EL Butter
- 1 EL Mehl, Salz, Pfeffer
- 1 TL Zitronensaftkonzentrat
- 1 Eigelb
- 1 EL Sahne
- 1 EL Senf (mittelscharf)

Zubereitung:

Heißes Wasser in den Mixtopf geben. Reis in den Gareinsatz füllen und mit der **Turbotaste** kurz spülen. Etwas salzen und einhängen. Reis **25 Min./Varoma®/Stufe 1** garen. Fischfilets waschen, mit Zitronensaft, Salz, Pfeffer und Fischgewürz einreiben und in den Einlegeboden des Varoma® legen. Geputzten Spargel und Blumenkohlröschen in den Varoma® reinlegen und mit Würze bestreuen. Einlegeboden über das Gemüse und Varoma®deckel darauflegen.

Nach den 25 Min. den Varoma® aufsetzen und weitere **25 Min.** mit Reis (je nach Dicke der Fischfilets und des Gemüses) auf **Varoma®** garen. Nach Ablauf der Garzeit den Varoma® abnehmen. Reis aus dem Gareinsatz nehmen und die Flüssigkeit mit Butter, Mehl, Salz, Pfeffer und Zitronensaft abschmecken und **2 Min./80 °C/ Stufe 5** laufen lassen. Danach ohne Temperatur das Eigelb, die Sahne und den Senf zugeben und kurz vermischen. Fisch und Gemüse in einer tiefen Platte anrichten, Soße darüber gießen und zusammen mit Reis servieren.

Fleisch mit Kräuterkäse-Soße

Alexandra Lampke

Zutaten:

- 1 l Wasser
- 2 EL Gemüsebrühe (Instant)
- 300 g Basmatireis
- Gemüse z.B. Broccoliröschen, Lauch in Ringen, Paprika in Streifen etc. nach Geschmack
- 750 g Puten oder Hähnchengeschnetzeltes, Fleischwürze
- 2 EL gekochten Reis
- 100 ml Sahne
- 1 Kräuterfrischkäse

Zubereitung:

Wasser mit Gemüsebrühe in den Mixtopf geben, in den Gareinsatz den Basmatireis füllen und Deckel verschließen. In den Varoma® Gemüse nach Geschmack (Brokkoli in Röschen, Lauch in Ringen, Paprika in Streifen usw.) geben. Darüber in den Einlegeboden das Puten- oder Hähnchengeschnetzelte geben und mit Fleischwürze würzen. Den Deckel schließen und **ca. 25-30 Min./Varoma®/Stufe 1** kochen.
Nach Garzeitende Reis, Fleisch und Gemüse warm stellen. In die übrige Brühe 2 EL gekochten Reis, Sahne und Kräuterfrischkäse einfüllen. Alles **30 Sek./Turbo** mixen und sofort servieren. Die Soße schmeckt auch mit gekochten Kartoffeln.

Fischgulasch mit Basmatireis

Sandra Kuqi

Zutaten:

- 250 g Basmatireis
- 700 g Fischfilet (Rotbarsch, Seelachs, Kabeljau - je nach Geschmack)
- 300 g Porree, 450 g rote Paprika
- 2 Schalotten oder kleine Zwiebeln
- 2 EL Olivenöl, 700 ml Gemüsebrühe
- 1 EL Tomatenmark , ½ MB Sahne
- Zitronensaft
- Salz, Pfeffer

Zubereitung:

Den Basmatireis in den Gareinsatz geben, in eine Schüssel mit Wasser stellen und ca. 60 Min. quellen lassen. Das Fischfilet in Stücke schneiden, mit Zitronensaft beträufeln, salzen, pfeffern und in den Einlegeboden legen. 200 g Porree in Scheiben und 300 g Paprika in Stücken zusammen in den Varoma® legen. Die Schalotten bzw. Zwiebeln halbiert auf **Stufe 5** zerkleinern, Olivenöl zugeben und **3 Min./100 °C/ Stufe 2** anbraten. 150 g Paprika, 100 g Porree in Stücken und die Gemüsebrühe zugeben, mit Salz und Pfeffer würzen und **ca. 10 Sek./Stufe 5** zerkleinern. Gareinsatz mit dem eingeweichten Reis einhängen und verschließen. Varoma® aufsetzen und **30 Min./Varoma®/ Stufe 1** garen.

Reis in eine Schüssel füllen und warm halten. Fisch und Gemüse in eine Schüssel füllen und ebenfalls warm halten. Tomatenmark und ½ MB Sahne in den Mixtopf geben und **3 Min./100 °C/Stufe 4** aufkochen lassen und zu dem Fischgulasch und Reis servieren.

Abwandlungen: Statt Reis kann man 700 g Kartoffeln in den Gareinsatz geben, dann aber nur ½ l Gemüsebrühe. Statt Fisch geht auch 600 g Putenbrust in Stücken, oder Hähnchenbrust in Stücken. Das Gemüse kann man ebenfalls variieren: Möhren und Porree, oder Möhrchen und grüner Paprika, oder Porree und grüner Paprika oder, oder, oder ...

Fischspieße mit Paprikasoße

Zutaten:

- 250 g Zucchini in Scheiben
- 16 Kirschtomaten
- 4 Holzspieße, 800 g Fischfilet (Heilbutt, Seelachs, Rotbarsch)
- 150 g Frühstücksspeck / Bacon
- 500 g Kartoffeln, 100 g Zwiebeln
- 2 EL Olivenöl, ½ l Gemüsebrühe
- 300 g rote Paprikaschote
- ½ Bund Petersilie
- 1 TL Kräutersalz

Zubereitung:

Zucchini in Scheiben schneiden, Kirschtomaten, Fischfilet (z.B. Heilbutt, Seelachs, Rotbarsch) in große Würfel schneiden und diese mit dem Frühstücksspeck, sehr dünn geschnitten, umwickeln (Speck kurz anfrieren lassen, dann lässt er sich super mit der Brotmaschine schneiden). Auf die Spieße abwechselnd Fischfilet, Zucchini und Tomaten stecken und in den Varoma® legen. Die Kartoffeln (in Stücken) in den Gareinsatz geben. Die Zwiebel **5 Sek./Stufe 5** zerkleinern und nun noch Olivenöl zugeben und **3 Min./100 °C/Stufe 2** anbraten. Gemüsebrühe angießen und den Gareinsatz einhängen und den Mixtopf verschließen. Varoma® aufsetzen und **25 Min./Varoma®/Stufe 2** garen. Anschließend die Kartoffeln in eine vorgewärmte Schüssel füllen und mit den Fischspießen warm stellen, die Garflüssigkeit umfüllen. Paprika **5 Sek./Stufe 5** zerkleinern und nun 1 MB der Garflüssigkeit zugeben und **5 Min./100°C/Stufe 2** kochen lassen. Petersilie, grob zerkleinert und das Kräutersalz zugeben und **1 Min./Stufe 9** pürieren und mit den Kartoffeln und Fischspießen servieren.

Folienkartoffeln mit Gemüsehaube

Katja Roß

Zutaten:

- 4 große Kartoffeln
- Wasser, Salz, 1-2 Knoblauchzehen, Kräuter z.B. Petersilie, Schnittlauch, Basilikum
- 3 Becher Schmand, 1 Becher saure Sahne, 1 Becher Creme fraiche
- 1 Löffel Senf, Essig, Öl, Kräutersalz, Pfeffer, Brokkoliröschen, Blumenkohlröschen, 1-2 Wurzeln, 1 l Gemüsebrühe, ger. Käse z.B. Gouda

Zubereitung:

Kartoffeln (im „normalen Topf" kochen für den Gareinsatz zu groß) 20-30 Min. in Salzwasser kochen. Knoblauchzehen und Kräuter wie z.B. Schnittlauch, Petersilie, Basilikum, Dill usw. **5 Sek./Stufe 5** zerkleinern. Schmand, saure Sahne, Creme Fraiche, Senf dazugeben und mischen. Dann die Soße mit Essig und Öl, Kräutersalz und Pfeffer abschmecken. Mixtopf ausspülen, ein paar Brokkoliröschen, ein paar Blumenkohlröschen, Wurzeln (Karotten/Möhren) in Scheiben in den Varoma® legen. Gemüsebrühe in den Mixtopf füllen und das Gemüse **30 Min./Stufe1/Varoma®** garen. Ofen auf 200 °C vorheizen, die gekochten Kartoffeln halbieren und auf Alufolie legen. Aus der Folie kleine „Gondeln" formen (die Enden einzwirbeln) und den garen Brokkoli, Möhren und Blumenkohl auf der Kartoffel verteilen, die Kräutersoße drüber geben und mit geriebenem Käse bestreuen.

Die offenen Enden der Folie zusammenstecken und die Kartoffeln auf ein mit Backpapier ausgelegtes Backblech legen und nochmals 20 Min. in den vorgeheizten Ofen schieben.

Gartengemüse mit Kartoffeln und Käsesoße **fettarm**

Zutaten:

- 1 kg Gartengemüse z.B. Kohlrabi, Zucchini, Wurzeln, Mangoldstiele, Spargel etc.
- 800 g Kartoffeln, 500 ml Wasser
- 1 EL Instantbrühe oder Suppengrundstock

Soße:

- 300 ml Garsud, 30 g Mehl, 1 Ecke Schmelzkäse, 200 ml Milch 0,3%
- 1 TL Zitronensaft, Flüssigwürze
- 1 Msp. Chilipulver

Zubereitung:

Gemüse in mundgerechten Stücken in den Varoma®-Aufsatz legen. Kartoffeln in Stücke in den Gareinsatz füllen. Wasser, Instantbrühe in den TM geben und **30 Min./Varoma®/Stufe 1** kochen lassen. Entnehmen und warm stellen.

Soße: Garsud, Mehl, Schmelzkäse, Milch, Zitronensaft, ein paar Spritzer Flüssigwürze und Chilipulver in den Mixtopf geben und **4 Min./90 °C/Stufe 2** einkochen. Zusammen servieren.

Anmerkung:

Wer noch Fleisch dazu braucht, kann oben aufs Gemüse Bratwürste oder Leberkäse legen und mitgaren.

Gedünstetes Rindersteak

für 2 Personen

Zutaten:

- 160 g Rindersteak
- Salz und Pfeffer, 1 Zwiebel
- 1 TL Öl, 300 g Kartoffeln
- 150 g Karotten, 100 g Kohlrabi
- 150 g Brokkoli in Röschen
- 100 g Paprika
- ½ l Gemüsebrühe
- 2 EL Tomatenmark
- Evtl. Reismehl/Speisestärke zum Binden

Zubereitung:

Rindersteak (dünn geschnitten) mit Salz und Pfeffer würzen und in den Varoma® legen. Zwiebel vierteln, **5 Sek./Stufe 5** zerkleinern und mit Öl **ca. 3 Min./100 °C/ Stufe 1** andünsten. Kartoffeln in grobe Würfel schneiden und in den Siebeinsatz füllen. Wurzeln in dickere Scheiben schneiden und in den Einlegeboden vom Varoma® legen. Kohlrabi in dickere Scheiben schneiden und in den Einlegeboden legen. Brokkoli waschen, in Röschen teilen und ebenfalls auf den Einlegeboden legen. Paprika waschen, in grobe Stücke schneiden und zum restlichen Gemüse geben. 50 g Wurzeln und 50 g Paprika grob würfeln und zur gedünsteten Zwiebel geben. Mit Gemüsebrühe auffüllen, Siebeinsatz einsetzen, Gerät verschließen, Varoma® aufsetzen und **ca. 30-35 Min./Varoma®/Stufe 2** garen. Nach Ende der Garzeit noch Tomatenmark zur Soße geben. Zum Binden evtl. Reismehl oder Speisestärke dazugeben. Alles auf **Turbo** mixen und anschließend **2 Min./100 °C/Stufe 2** garen.

Grüne Bohnen mit Schinken

Zutaten:

- ½ l Wasser
- 600 g grüne Bohnen (gefroren)
- 50 g durchwachsenen Speck
- 1 Knoblauchzehe
- 60 g Zwiebeln
- 100 g mageren Schinken
- 1 Bund Petersilie

Zubereitung:

Wasser in den Mixtopf geben und schließen. Die grünen Bohnen, gefroren in den Varoma® füllen, auf den Mixtopf setzen und **20 Min./Varoma®/Stufe 1** garen. Anschließend Varoma® beiseite stellen und Mixtopf leeren. Speck in Stücken auf **Stufe 7** zerkleinern. Knoblauchzehe, Zwiebeln in Stücken **5 Sek./Stufe 5** zerkleinern und **3 ½ Min./100 °C/Stufe 1** anbraten. Den mageren Schinken, in kleinen Würfeln, Petersilie, fein zerkleinert zugeben, **1 Min./Stufe 1** unterrühren und mit den Bohnen vermischt servieren. Dazu schmecken Bratkartoffeln sehr lecker.

Gemüse-chinesisch mit Basmatireis fettarm

Zutaten:

- 200 g Basmatireis
- ca. 900 g verschiedenes Gemüse z.B. Paprika, Brokkoli, Champignons, Spargel, Wurzeln, Zucchini, Kohl, Sojasprossen, Bambus, Maiskölbchen etc.
- 800 ml Wasser, 20 ml Zitronensaft
- 1 Klecks Butter

Soße:

- 400 g Garsud, 70 g Sherry
- 20 g Speisestärke
- 1 Knoblauchzehe
- 1 Stück frischen geschälten Ingwer
- 1 EL Chinagewürz
- 4 EL Sojasoße
- 1 EL Instantbrühe

Zubereitung:

Reis gut waschen, bis das Wasser klar ist. Dann in den Gareinsatz legen. Das Gemüse, putzen und in mundgerechte Stücke schneiden und in den Varoma® legen. Auf genügend freie Dampflöcher achten. Wasser, Zitronensaft, Butter in den Mixtopf füllen. Gareinsatz mit dem Reis einhängen. Varoma® auf den Mixtopf stellen und **30 Min./Varoma®/Stufe 1** garen. Gemüse und Reis warm stellen. Mixtopf leeren und Garflüssigkeit auffangen.

Soße: Garsud, Sherry, Speisestärke, Knoblauchzehe, Ingwer, Chinawürze, Sojasoße, Instantbrühe in den Mixtopf geben und **30 Sek./Stufe 8** pürieren, dann **5 Min./100 °C/Stufe 2** kochen lassen. Die Soße mit dem Gemüse zusammen in eine Schüssel geben. Zusammen mit dem Reis servieren.

Gemüse-Lasagne mit Curry

Susanne Krause

Zutaten:

Soße:

- 1 große Dose Schältomaten
- ½ Tube Tomatenmark mit Knobi
- 1 EL Pizzawürze
- 1 EL Instantbrühe
- 1 TL Kräutersalz
- Pfeffer aus der Mühle
- 250 g Lasagneplatten
- 1 Becher Schmand

- 300 g Zucchini
- 300 g Wurzelgemüse (z.B. Möhre)
- 30 g Distelöl, 2 TL Salz, ¼ TL Pfeffer
- 1 TL Paprika, 1 EL Currypulver
- 1 P. Hüttenkäse

Zubereitung:

Zucchini, Wurzelgemüse in groben Stücken in den Mixtopf geben und **10 Sek./ Stufe 5** zerkleinern. Spatel zur Hilfe nehmen. Distelöl zufügen und **8 Min./ Varoma®/Stufe 1** andünsten. Etwas abkühlen lassen. Salz, Pfeffer, Paprika, Currypulver, Hüttenkäse zugeben und **20 Sek./Stufe 1** (Spatel) verrühren und umfüllen.

Soße: Schältomaten, Tomatenmark mit Knobi, Pizzawürze, Gemüsebrühe, Kräutersalz, Pfeffer aus der Mühle in den Mixtopf füllen und auf **Stufe 10** pürieren. Etwas von der Soße in eine Auflaufform verteilen und die Lasagneplatten (ohne Kochen) verteilen. Dann wieder Soße und Platten usw. Als Letztes sollten oben Lasagneplatten liegen und die restliche Soße darüber verteilen. Darüber Schmand in Klecksen verteilen. Auf der mittleren Schiene vom Backofen ca. 30 Min. bei 175 °C (Umluft) backen.

Gefüllte Kartoffeln

Nicole Huber

Zutaten:

- 8 dicke Kartoffeln
- 500 ml heißes Wasser
- 2 große Zwiebeln, 20 g Distelöl
- 100 g Emmentaler
- 2 Scheiben gekochten Schinken
- ½ TL Salz, 100 ml Kondensmilch
- 1 Tüte Salatkräuter
- etwas Muskat, etwas Flüssigwürze
- Pfeffer aus der Mühle
- 1 Ei, 1 Dose Mais

Zubereitung:

Kartoffeln in Varoma®einsatz und Varoma®aufsatz verteilen. Heißes Wasser in den Mixtopf geben und **40 Min./Varoma®/Stufe 1** garen und lauwarm abkühlen. Von jeder Kartoffel einen Deckel abschneiden und die Kartoffeln bis auf einen großzügigen Rand aushöhlen und beiseite stellen. Zwiebeln vierteln, Distelöl in den Mixtopf geben und **5 Sek./Stufe 4** zerkleinern, anschließend **3 Min./Varoma®/Stufe 1** andünsten. Emmentaler in Stücken hinzufügen und **8 Sek./Stufe 5** zerkleinern. Gekochten Schinken ebenfalls **8 Sek./Stufe 5** zerkleinern. Salz, Kondensmilch, Salatkräuter, etwas Muskat, etwas Flüssigwürze, Pfeffer aus der Mühle, Ei, sowie das Ausgehöhlte aus den Kartoffeln hinzufügen und **15 Sek./Stufe 4** mit Hilfe des Spatels zerkleinern und vermischen. Mais (abgetropft) mit Hilfe des Spatels **20 Sek./Stufe 2** vermengen und die Masse in die Kartoffeln füllen. Bei 200 °C im vorgeheizten Ofen 20 Min. backen.

Geflügel-Nudel-Salat mit Mandarinen

Anja Kranebitter

Zutaten:

- 700 ml Wasser, ½ TL Salz
- 200 g Spiralnudeln
- ½ l Wasser, 300 g Hähnchenbrust
- 100 g Porree, 200 g Mandarinen
- 100 g Emmentaler
- 4 EL Mandarinensaft
- 150 g Joghurt
- 1 geh. TL Curry
- ½ TL Salz
- 2-3 Pr. Pfeffer

Zubereitung:

Wasser, Salz in den Mixtopf geben und **13 Min./100 °C/Stufe 1** kochen.
Nudeln 7 Min. vor Ende der Zeit durch die Deckelöffnung zugeben. Anschließend das Wasser abgießen und die Nudeln umfüllen und auskühlen lassen.
½ l Wasser in den Mixtopf geben und verschließen. Hähnchenbrust in feine Streifen schneiden und in den Varoma® geben. Porree in feine Ringe schneiden, in den Varoma®einsatz geben, Varoma® aufsetzen und **15 Min./Varoma®/Stufe 1** kochen lassen. 7 Min. vor Ende der Zeit Varoma®einsatz abnehmen und den Porree auskühlen lassen. Anschließend den abgekühlten Porree und das kalte Hähnchenfleisch mit den Nudeln vermischen. Mandarinen in Stücken, Emmentaler Käse in kleinen Würfeln zu den Nudeln geben. Rühraufsatz einsetzen, Mandarinensaft, Joghurt, Curry, Salz, Pfeffer zugeben, **5 Sek./Stufe 2** vermischen, über den Salat gießen und gut vermengen. Den Salat ca. 4 Stunden durchziehen lassen.

Gefüllte Paprikaschoten

Evelyn Ruckgaber

3 Portionen

Zutaten:

- 5 Paprikaschoten
- 2 Zwiebeln
- 400 g Hackfleisch
- 1-2 Eier, Semmelbrösel
- Gewürze nach Geschmack, Öl
- 1 Dose Schältomaten
- 1 Dose Wasser
- ½ Tube Tomatenmark
- 1 Brühwürfel
- 1 ½ MB Reis

Zubereitung:

Paprikaschoten vom Deckel, Kernen und weißem „Innenleben" befreien. Strunk vom Deckel entfernen und den Deckel mit Zwiebeln **5 Sek./Stufe 5** zerkleinern. Nun Hackfleisch, Eier, Semmelbrösel, Gewürze (nach Geschmack) in den Mixtopf geben und **40 Sek./Stufe 3** mit Hilfe des Spatels mischen. Hackfleischmasse in die Paprikaschoten füllen. Rest vom Hackfleisch mit ein wenig Öl **7 Min./100 °C/Stufe 2** ohne Messbecher im Topf anbraten. Schältomaten und 1 Dose mit Wasser zugeben.
Tomatenmark, Brühwürfel, Reis, Gewürze nach Geschmack dazu. Varoma® ohne Einlegboden aufsetzen und Paprikaschoten hineinstellen.
Alles **35 Min./Varoma®/Stufe 1** garen.

Gulasch mit Semmelknödeln

Silvia Luggenhölscher

Zutaten:

Gulasch:

- 750 g Rindergulasch in kleinen Stücken
- 2 EL Fleischwürzmischung
- 1 rote Paprika, 1 Karotte
- 300 g Zwiebeln, 2 EL Fett
- Salz, Pfeffer, Paprika
- 6 MB heißes Wasser
- evtl. 1 MB Rotwein
- 2 EL Mehl zum Andicken

Semmelknödel:

- 10 altbackene Brötchen
- 1 TL Salz, 2 MB lauwarme Milch
- 1-2 Zwiebeln, 2 EL Butter
- ½ Bund Petersilie
- ½ TL Pfeffer, Muskat
- 2-3 Eier, evtl. Semmelbrösel

Zubereitung:

Brötchen in sehr dünne Scheiben schneiden und mit Salz und Milch 15 Min. einweichen. Zwiebel halbiert **5 Sek./Stufe 5** zerkleinern. Petersilie und Butter hinzufügen und **3 Min./100 °C/Stufe 1** andünsten. Pfeffer, Muskat, Eier und die eingeweichten Brötchen zufügen und alles auf **Stufe 4** (mit Spatel) mischen. Knödel formen und in den Varoma® setzen (nicht alle Löcher bedecken), evtl. auch Einlegeboden verwenden. Fleisch mit Würzmischung mischen. Paprika und Karotte in groben Stücken bei **5 Sek./Stufe 5** zerkleinern und umfüllen. Tomaten auf **Stufe 8** pürieren und zum Gemüse geben. Zwiebeln vierteln und **ca. 5 Sek./Stufe 3** zerkleinern. Fett zugeben und **7 Min./Varoma®/Stufe 1** dünsten.

Fleisch zugeben und **10 Min./Varoma®/Stufe 1** anbraten, den Spatel zu Hilfe nehmen. Gewürze, Wasser und Gemüse zugeben und **60 Min./Varoma®/Stufe 1** kochen. Nach 30 Min. den Varoma® mit den Knödeln aufsetzen. Nach ca. 20 Min. die Knödel einmal umdrehen. Mehl zum Schluss zugeben und **2 Min./100 °C/Stufe 1** aufkochen.

gefüllte Paprika mit Tomatensoße und Couscous

Nicole Huber

Zutaten:

- 1 Handvoll Basilikum
- 100 g Zwiebeln, 1-2 Knoblauchzehen, 300 g Champignons in Vierteln, 40 g weiche Butter
- 1 TL Tomatenmark, ½ TL Salz, ½ TL schwarzer Pfeffer, 1-2 TL Zitronensaft, abgeschnittene Paprikadeckel in kleinen Stücken, 150 g Feta
- 1 Handvoll Kirschtomaten, ½ l Wasser
- 3 TL Gemüsebrühe, Couscous
- 2 TL Creme fraiche, 1 TL Mehl

Zubereitung:

Basilikum, Zwiebeln, Knoblauchzehen **5 Sek./Stufe 5** zerkleinern. Champignons zugeben und **10 Sek./Stufe 3** zerkleinern. Nun Butter zugeben und **5 Min./Varoma®/Stufe 1** ohne Messbecher anbraten. Tomatenmark 10 Sek. vor Ende der Garzeit hinzufügen. Salz, schwarzen Pfeffer, Zitronensaft, Paprikadeckel in Stücken, Feta in Brösel zugeben und **ca. 5 Sek./Stufe 3** mischen und in 4 ausgehöhlte Paprika füllen und in den Varoma® setzen und Kirschtomaten im Varoma® verteilen. Wasser in den Mixtopf geben mit Gemüsebrühe **ca. 30 Min./Varoma®/Stufe 1** garen. Couscous wie angegeben zubereiten. Nach Ende der Garzeit die Tomaten aus dem Varoma® nehmen und in den Mixtopf geben, Creme fraiche sowie Mehl hinzugeben. Alles einige Sekunden auf **Turbo** mixen, bis die Soße sämig ist.

Gulasch

Zutaten:

- 1 Knoblauchzehe
- ¼ TL Pfeffer
- 80 g Zwiebel, 40 g Tomatenmark
- 40 g Öl, 2 ½ MB Gemüsebrühe
- 750 g Fleisch, 2 ½ MB Rotwein
- 1 TL Salz, 1 Pr. Zucker
- 2 Wacholderbeeren
- 2 TL Basilikumblätter
- 1 Lorbeerblatt
- 100 g Sahne

Zubereitung:

Knoblauch und Zwiebel in Stücken **5 Sek./Stufe 5** zerkleinern.
Das Öl dazugeben und **5 Min./80 °C/ Stufe 2** anbraten. 250 g Fleisch zugeben und **10 Min./100 °C/↺/Stufe 1** anbraten. Den Messbecher dabei nicht auf den Mixtopf setzen. In zwei Portionen das restliche Fleisch nach jeweils 2 Min. durch die Deckelöffnung dazugeben. Nun Salz, Wacholderbeeren, Lorbeerblatt, Pfeffer, Tomatenmark, Gemüsebrühe und den Rotwein zugeben und **40 Min./Varoma®/Stufe 1** schmoren lassen. Danach Zucker, Basilikumblätter und die Sahne dazugeben und nochmals **10 Sek./ Stufe 1** unterrühren.
In den Varoma® Kartoffeln und Gemüse füllen und mit dem Gulasch kochen lassen.

Grüne Nudeln mit Hähnchen und Senf-Sahne

Claudia Raabe

für 4 Personen

Zutaten:

- 1 ½ l Wasser
- 700 g Hähnchenbrustfilet
- 2 TL Olivenöl, Salz und Pfeffer
- 1 mittelgroße Zwiebel
- 1 Knoblauchzehe, 3 EL Dijonsenf
- ¼ l trockener Weißwein
- 200 g Sahne, etwas Zitronensaft
- 3 EL Speisestärke
- 250 g grüne Bandnudeln
- 1 Kästchen Kresse

Zubereitung:

Die Hähnchenfilets abspülen, trocken tupfen und in mundgerechte Stücke schneiden. Mit Salz und Pfeffer würzen und in den Garaufsatz legen. Mixtopf mit Wasser füllen, 1 TL Olivenöl und 1 TL Salz zugeben, Garaufsatz aufsetzen und **15 Min./Varoma®/Stufe 1** garen. Nudeln in den Mixtopf geben und **10 Min./100 °C/↺/Stufe 1** garen (Garaufsatz drauf lassen). Mixtopf leeren, Fleisch und Nudeln getrennt warm halten. Zwiebel geviertelt und Knoblauch **3 Sek./Stufe 5** zerkleinern.

Senf, 1 TL Olivenöl zugeben und **3 Min./Varoma®/Stufe 2** andünsten. Weißwein hinzufügen und **5 Min./Varoma®/Stufe 2** ohne MB einkochen lassen. Salz, Pfeffer, Zitronensaft, Sahne und Fleisch zugeben und ~~**5**~~ 3 **Min./100 °C/↺/Stufe 1** garen (ohne MB). 2 Min. vor Garzeitende Speisestärke zufügen und andicken lassen. Nudeln auf Teller verteilen, Fleisch und Soße darüber geben und mit Kresse garnieren.

Nudeln abschrecken

Geschnetzeltes mit Gemüsestreifen

Martina Shawky

für 4 Personen

Zutaten:

- 200 g Basmatireis
- Salz, 800 g Wasser
- 4 Schweineschnitzel (ca. 100 g p.P.)
- 5 Wurzeln (Karotten, Möhren, ca. 400 g), 2 Stangen Porree (ca. 500 g), 400 g Dosen-Champignons geschnitten, Pfeffer aus der Mühle, ½ l Gemüsebrühe (instant)
- 1 EL Sojasoße, 1 TL Paprika edelsüß
- 1 TL Curry, 2 EL Speisestärke

Zubereitung:

Fleisch waschen, trocken tupfen und in Streifen schneiden. Das Fleisch mit Salz und Pfeffer würzen und in den Einlegeboden geben. Möhren und Porree waschen, Möhren in feine Streifen und Porree in dünne Ringe schneiden und beides in den Varoma® geben. Wasser und 1 TL Salz in den Mixtopf tun, Garkorb einsetzen und den Reis einwiegen. Mixtopf verschließen und Varoma® aufsetzen und **30 Min./Varoma®/Stufe 1** garen. Varoma® beiseite stellen, Reis warm stellen, Mixtopf leeren. Gemüsebrühe, Sojasoße, Curry, Paprika und Stärke in den Mixtopf geben und **5 Min./100 °C/↶/Stufe 2** kochen. Dann das Fleisch, die Möhren, den Porree und die Pilze dazugeben und **3 Min./100 °C/↶/Stufe 1** fertig kochen.

Gefüllte Putenschnitzel süßsauer

Zutaten:

- 10 g Sonnenblumenkerne oder Sesam
- 30 g Chutney Mango o. Aprikose
- 1 EL Zitronensaft, ½ TL Pfeffer

Füllung:

- 70 g magerer durchw. Speck
- 100 g Ananas, 70 g Frühlingszwiebeln, 4 Putenschnitzel (mit Tasche), ¾ l Gemüsebrühe
- 200 g Wildreis o. Reismischung

Soße:

- 300 g Garflüssigkeit
- 30 g Speisestärke, 40 g Ketchup
- 50 g Ananassaft, ½ TL Curry
- 2 EL Zitronensaft, ½ TL Salz
- 1 Pr. Pfeffer, 300 g Ananas
- 70 g Frühlingszwiebeln

Zubereitung:

Sonnenblumenkerne oder Sesam im Mixtopf **10 Sek./Turbo** zerkleinern und in eine Schüssel umfüllen. Chutney, Zitronensaft, Pfeffer zu den zerkleinerten Kernen geben und verrühren. **Füllung:** Durchwachsener Speck in Stücken, Ananas in Stücken, halbierte Frühlingszwiebeln **5 Sek./Stufe 5** zerkleinern und dann **4 Min./90 °C/Stufe 2** andünsten und umfüllen. 4 Putenschnitzel mit Tasche von innen mit der vorbereiteten Chutneymischung bestreichen, Füllung hineingeben und mit Spießchen verschließen. Die gefüllten Putenschnitzel in den Varoma® legen. Gemüsebrühe in den Mixtopf geben. Wildreis oder Reismischung in den Gareinsatz füllen, in den Mixtopf hängen und verschließen. Varoma® aufsetzen und **ca. 40 Min./Varoma®/Stufe 1-2** garen. Anschließend Reis und Schnitzel warm stellen und Mixtopf leeren, Flüssigkeit auffangen! **Soße:** Garflüssigkeit, Speisestärke, Ketchup, Ananassaft, Curry, Zitronensaft, Salz, Pfeffer zusammen in den Mixtopf geben und ca. **1 Min./100 °C/Stufe 4** aufkochen. Ananas, in kleinen Stücken, Frühlingszwiebeln, in kleinen Stücken zugeben und **1 Min.** unterrühren, evtl. Spatel zu Hilfe nehmen.

Anmerkung: *bei kleinen Putenschnitzel 1-2 mehr nehmen, sonst ist die Füllung zu viel. Die Soße etwas länger einstellen, da sie ja nicht schon innerhalb einer Minute kocht.*

Gemischtes Gemüse mit Käse-Sahne-Soße

Zutaten:

- 800 g gemischtes Gemüse
- 500 g Wasser
- 1 EL Instantbrühe
- 800 g Kartoffeln in Stücken

Soße:

- 80 g Käse, 2-3 EL Sahne
- 3 EL Speisestärke
- 1 Pr. Salz, Pfeffer und Muskat
- ein paar Kräuter

Zubereitung:

Diverses Gemüse in Spalten, Scheiben oder Stifte schneiden und in den Varoma® legen. Wasser und Brühe in den TM füllen. Kartoffeln in das Garkörbchen legen. Topf schließen und **20 Min./Varoma®/Stufe 1** aufkochen. Am Ende Kartoffeln und Gemüse warmstellen. Nun die Soßenzutaten bis auf die Kräuter zum Garsud geben und **3 Min./90 °C/Stufe 3** rühren lassen. Die Kräuter **10 Sek.** vor Schluss noch auf **Stufe 10** unterrühren.

Gehacktes Rindfleisch in Mangold

Sybille Krebs

Zutaten:

- 100 g Käse, 50 g Zwiebeln
- 1 Knoblauchzehe
- 3 EL Olivenöl, 250 g Rindfleisch
- 1 Brötchen, 1 rote Paprika
- 1 Ei, 1 TL Salz, 1 Pr. Pfeffer
- ½ TL Rosmarin, ½ TL Thymian
- 10 große Mangoldblätter
- 500 g geschälte Kartoffeln
- 600 ml Gemüsebrühe, 3 MB Garflüssigkeit, 2 EL Mehl, zerkl. Käse

- ½ TL Meersalz
- 1 Pr. Pfeffer, 2 EL Creme fraiche
- 2-3 EL Petersilie, 2-3 EL Schnittlauch

Zubereitung:

Käse in Stücken in den Mixtopf geben, **ca. 6 Sek./Stufe 5** zerkleinern und umfüllen. Zwiebeln und Knoblauchzehe **5 Sek./Stufe 5** zerkleinern. Olivenöl zugeben und **2½ Min./100 °C/Stufe 2** anbraten. Rindfleisch **Stufe 7** zerkleinern. Brötchen, in Stücken, Paprika in Stücken, Ei, Salz, Pfeffer, Rosmarin, Thymian zugeben, **ca. 20 Sek./Stufe 5** mit Hilfe des Spatels zerkleinern, umfüllen u. Mixtopf kurz spülen. Mangoldblätter halbieren und den dicken Strunk aus der Mitte schneiden. Auf jedes halbierte Mangoldblatt ca. 1½ EL der Fleischmasse legen, die Blätter aufrollen, in den Varoma® und Varoma®einsatz legen, Varoma® schließen und kühl stellen.

Kartoffeln in Würfel schneiden und in den Gareinsatz geben. Gemüsebrühe in den Mixtopf geben, Gareinsatz einsetzen, Mixtopf verschließen, Varoma® aufsetzen und **30 Min./Varoma®/Stufe 2** garen lassen. Nach Ende der Garzeit Varoma® abnehmen, Kartoffeln in eine Schüssel füllen und Garflüssigkeit umfüllen. Garflüssigkeit, Mehl, Käse, Meersalz, Pfeffer in den Mixtopf geben und **ca. 2½ Min./100 °C/Stufe 4** aufkochen lassen. Creme fraiche, Petersilie klein geschnitten, Schnittlauch klein geschnitten nach Ende der Garzeit **ca. 20 Sek./Stufe 4** unterrühren und mit den Kartoffeln und Mangoldröllchen servieren. Anstelle von Mangold kann man auch Wirsing, Chinakohl oder Spitzkohl verwenden.

Gnocchi in Tomatensoße mit Parmesan

Sandra Werthebach

Zutaten:

- 100 g Parmesankäse
- 2 Zwiebeln
- 20 ml Olivenöl
- 1 Dose Schältomaten
- 1 EL Pizzawürze
- 1 Pr. Salz, 1 TL Zucker
- 2 Würfel Brühe
- 150 ml Wasser
- 1000 g Gnocchi aus der Tiefkühlung

Zubereitung:

Parmesan in Stücken in den Mixtopf geben und in Intervallen auf **Turbo** zerkleinern und umfüllen. Zwiebel **10 Sek./Stufe 4** zerkleinern. Öl dazu geben und **3 Min./ Varoma®/Stufe 1** glasig dünsten. Alle Zutaten bis auf die Gnocchi in den Mixtopf füllen und **5 Sek./Stufe 4** zerkleinern. Gnocchi im Einlegeboden und im Varoma® verteilen. Deckel verschließen und Varoma® aufsetzen und alles **30 Min./Varoma®/ Stufe 2** kochen. Gnocchi mit Tomatensoße und dem Parmesan bestreut servieren.

Gemüsesoße mit Putengeschnetzeltem

Evelyn Ruckgaber

Zutaten:

- 4 Putenschnitzel
- etwas durchw. Speck
- 1 Stange Lauch
- 1 kleine Zucchini
- 2 Wurzeln (Karotten/Möhren)
- 1 große Zwiebel, 2 EL Öl
- 1 Tasse Reis
- 1 TL Instantbrühe
- ½ Becher Sahne oder Schmand
- 1-2 TL Speisestärke

Zubereitung:

Putenschnitzel abspülen, trocken tupfen und in Streifen schneiden. Nach Belieben würzen und in den Varoma®einsatz legen und mit ein paar Würfel Speck bestreuen. Lauch, Zucchini, Wurzeln klein schneiden und waschen und anschließend in den Varoma® einlegen. Zwiebel pellen, halbieren und zerkleinern. Öl einfüllen und alles **3 Min./100 °C/Stufe 1** andünsten. Reis in das Garkörbchen füllen. Mixtopfinhalt auf 800 ml auffüllen und Instantbrühe zugeben. Körbchen einhängen. Reis sollte mit Wasser bedeckt sein und den Deckel schließen. Varoma® aufsetzen, Einlegeboden einsetzen und verschließen. Alles nun **30 Min./Varoma®/Stufe 1** garen. Nach Garzeitende Varoma® beiseite stellen, Einlegeboden entnehmen und das Gemüse in die Brühe schütten. Sahne oder Schmand in die Brühe geben. Ebenfalls Speisestärke einrieseln lassen. Alles **3 Min./90 °C/Stufe 1** aufkochen. Alles noch kurz pürieren und abschmecken. Soße über das Geschnetzelte füllen und mit dem Reis servieren.

Gemüse mit Käsesoße und Ei

Rosi Bilk

Zutaten:

- ½ l Wasser
- 2 Kartoffeln
- Gemüse nach Wahl (z.B. Blumenkohl, Brokkoli, Karotten etc.)
- 2 - 4 Eier
- 300 ml Garflüssigkeit
- 1 EL Brühe Instant
- 100 g Camembert
- Salz

Zubereitung:

Wasser in den Mixtopf füllen. Geschälte und in Viertel geschnittene Kartoffeln in den Garkorb geben und in den Mixtopf einhängen und Deckel schließen. Gemüse mit Kräutersalz würzen und Eier (mit Schale) in den Varoma® legen, oben drauf stellen und Deckel schließen. Nun alles **25 Min./Varoma®/Stufe 1-2** garen.

Kartoffeln entnehmen und warm stellen. Gemüse in eine Schüssel füllen und ebenfalls warm stellen. Eier pellen und warm stellen. Vom Garsud ca. 300 ml wieder in den TM geben und Instantbrühe und Camembert hinzufügen und **3 Min./100 °C/Stufe 3** eine Soße herstellen. Mit Salz, Pfeffer und etwas gefrorener Petersilie abschmecken.

Gyroshackbällchen mit Schafskäsesoße

Zutaten:

- 1 Zwiebel halbiert
- 1 Knoblauchzehe
- ½ rote Paprika, 10 g Olivenöl
- 500 g gem. Hack, 1 EL Gyrosgewürz
- Pfeffer, Salz, 1 Pr. Zucker, 1 EL Senf
- 1 TL Paprika scharf, ¼ TL Senf
- 1 eingew. gut ausgedr. Brötchen
- 4-6 EL Paniermehl, 100 g Schafskäse
- 4 bunte Paprika (gelb, grün, rot)

Soße:

- 500 g Tomaten
- 1 Knoblauchzehe
- 1 EL Gemüsebrühe
- 1 EL Gyroswürze, Pfeffer & Salz
- 1 Pr. Zucker, 200-500 g griechische oder andere Nudeln
- 100 g Schafskäse

Zubereitung:

Zwiebel, Knoblauchzehe und ½ rote Paprika halbiert **5 Sek./Stufe 5** zerkleinern. Olivenöl dazugeben und **2 Min./Varoma®/Stufe 1** anbraten, dann etwas abkühlen lassen. Hack, Gyrosgewürz, Paprika, Pfeffer, Salz, Zucker, Senf, gut ausgedrücktes Brötchen und Paniermehl zufügen und alles **1 Min./ Teigknetstufe** verkneten und ca. 10 große Hackbällchen formen. Schafskäse in Würfel schneiden und in jedes Bällchen einen Würfel reindrücken. Bällchen in den Varoma® legen und Löcher frei lassen. Bunte Paprika in Streifen schneiden und auf den Hackbällchen verteilen (Falls man nicht auskommt, Einlegeboden dazu nehmen). ¾ l Wasser in den TM füllen und **30 Min./Varoma®/Stufe 1** garen. Varoma® entnehmen und warm stellen. In die übrig gebliebenen Garflüssigkeit Tomaten, Knoblauchzehe (mit der Presse durchgequetscht), Gemüsebrühe, Gyrosgewürz, Pfeffer, Salz, Zucker **5 Sek./Stufe 4** verrühren. Griechische Nudeln in den Gareinsatz füllen, einhängen, **5 Sek./Stufe 6** rühren und dann Garaufsatz aufsetzen und weitere **30 Min./Varoma®/Stufe 1** garen. Nach Ende der Garzeit Schafskäse in den Garsud geben und **10 Sek./Turbo** verrühren. Die Soße wird über die Nudeln gegossen und zu den Hackbällchen und Paprika gegessen.

Hack-Käse-Bällchen mit Weißkohl

Zutaten:

- 70 g Gouda
- 250 g gewürztes Mett
- Weißkohlblätter wie man möchte
- ¾ l Wasser, 2 EL Brühepulver Instant
- Einige Kartoffeln geschält in Würfel
- ½ l Garflüssigkeit
- ½ l Milch
- 2 EL Mehl oder Speisestärke
- 1 Pr. Salz, 2 Pr. Muskat

Zubereitung:

Gouda **4 Sek./ Stufe 5** zerkleinern. Mett dazu geben und kurz **2-3 Sek./Stufe 3** mit dem Spatel untermischen. Aus der Masse kleine Kugeln formen und in den gefetteten Varoma® legen. Weißkohlblätter nach Geschmack auf die Hackbällchen legen (kurz vorher in einem Topf blanchieren, damit sie nicht zu hart sind). Brühe in den Mixtopf füllen und Kartoffeln in den Gareinsatz legen. Topf schließen und Varoma® aufsetzen. Nun **30 Min./Varoma®/Stufe 1** garen.

Zum Schluss die Hälfte der Brühe durch Milch ersetzen, Mehl zugeben, mit Salz und Muskatnuss abschmecken und **ca. 2 Min./90 °C/Stufe 1** kochen.

Hähnchenbrust in Schinkenhülle mit Rotweinpilzen

Zutaten:

- 4 Hähnchenbrust-filet a 150 g
- 8 Scheiben rohen Schinken
- 500 g geschälte Kartoffeln in Stücken, 2 Knoblauchzehen
- 1 Zwiebel (50 g) in Stücken
- 20 g Butter, 400 g Gemüsebrühe
- 200 g trockener Rotwein
- 1 TL frischen Rosmarin fein zerkleinert
- 400 g Champignons in 1 cm breite Scheiben

Soße:

- 3-4 Stängel Petersilie, grob zerkleinert
- 400 g Garflüssigkeit
- 100 g trockener Rotwein
- 30 g Mehl
- 100 g Creme fraiche mit Kräutern
- ¼ TL Salz, 2-3 Pr. Pfeffer

Zubereitung:

Hähnchen mit Salz und Pfeffer würzen, in Schinken einwickeln und in den leicht geölten Varoma® und Einsatz legen. Knoblauch und Zwiebel **5 Sek./Stufe 5** zerkleinern und dann die Butter zugeben. Diese **3 Min./90 °C/Stufe 2** andünsten. Brühe, Wein und Rosmarin zugeben. Kartoffeln in den Gareinsatz legen.
Alles **ca. 30 Min./Varoma®/Stufe 1-2** garen und ca. 12 Min. vor Ende der Garzeit die Pilze zu den Hähnchenbrustfilets füllen. Nach Ende der Garzeit Varoma® und Gareinsatz warm stellen und die Garflüssigkeit auffangen.
Soße: Zutaten in den Mixtopf füllen und **ca. 2½ Min./100 °C/Stufe 2** aufkochen.

Hähnchenbrustfilet mit Brokkoli und Reis an Mango-Curry-Soße

Dagny Waesch

Zutaten:

- 1 Brokkoli, 1 Mango
- 400 g Hähnchenbrustfilet
- 300 g Reis, 800 ml Wasser

Soße:

- 80 ml Ketchup, 1 EL Curry
- 1 EL Ahornsirup
- 1 Messerspitze Chili
- 1 TL Kurkuma
- 1 Becher Schmand

Zubereitung:

Brokkoli in Röschen teilen, waschen und rund in den Varoma® legen. Mango schälen, in Scheiben schneiden und in die Mitte des Varoma®s legen. Hähnchenbrustfilet in Streifen schneiden und auf einem Stück Alufolie auf den Brokkoli legen. Reis in das Garkörbchen geben, Wasser in den Mixtopf füllen, Garkörbchen einhängen, Varoma® aufsetzen und **30 Min./Varoma®/Stufe 1** kochen. Alles auf einer vorgewärmten Platte anrichten. Nun gegarte Mangoscheiben **10 Sek./Stufe 4** pürieren.

Für die Soße: Ketchup, Curry, Ahornsirup, Chili, Kurkuma, Schmand zugeben und **3 Min./90 °C/Stufe 2** kochen. Brokkoli, Hähnchenfleisch und Reis mit der Soße servieren.

Hackbällchen in Tomatensoße

Sandra Werthebach

Zutaten:

- 250 g mageres Rinderhack
- 1 Ei, 50 g Parmesan
- 1 TL Hackfleischgewürz

Tomatensoße:

- 80 g Frühlingszwiebeln
- 1 Knoblauchzehe, 2 EL Distelöl
- 1 große Dose geschälte Tomaten
- 150 ml Gemüsebrühe Instant
- Salz, Pfeffer, Zucker, 2 EL Essig
- 1 Handvoll Basilikumblätter
- 50 g Parmesan

Zubereitung:

Parmesan im Mixtopf **20 Sek./Stufe 5** zerkleinern. Restliche Zutaten zugeben, salzen, pfeffern, Hackfleischgewürz und **⟲/Stufe 2** mischen und abschmecken. Kleine Klößchen formen und in den gefetteten Garaufsatz legen.

Tomatensoße: Parmesan im Mixtopf **20 Sek./Stufe 10** zerkleinern und umfüllen, ebenso die Basilikumblättchen. Zwiebeln schälen und mit der Knoblauchzehe ebenfalls **5 Sek./Stufe 5** zerkleinern. Distelöl zugeben und alles **2½ Min./80 °C/Stufe 2** dünsten. Tomaten, Brühe aufgießen, Essig und Basilikum zugeben und alles würzen. Deckel schließen und Varoma® aufsetzen und **30 Min./Varoma®/Stufe 2** garen. Zum Schluss noch den Parmesan untermischen. Dazu Nudeln oder Reis.

Hackroulade Cordon Bleu

Zutaten:

- 1 kg gemischtes Hack
- 1 Zwiebel, 2 Eier
- 1-2 eingeweichte Brötchen
- 1-2 EL Senf, Salz, Pfeffer
- je 4 Scheiben Gouda und gekochten Schinken evtl. Zuckercouleur um eine schöne Bräunung zu bekommen
- 750 ml Wasser, Kartoffeln o. Reis
- Evtl. Gemüse nach Wahl, Garsud
- 1 EL Speisestärke, Pfeffer, Salz, Paprika, Knoblauch, Pizzawürze

Zubereitung:

Zwiebel **5 Sek./Stufe 5** zerkleinern. Aus allen Zutaten außer dem Schinken und Käse einen Hackteig bereiten und **↺/Stufe 3** mit Spatel vermischen. Auf einer Backfolie/Unterlage ausrollen und mit dem Käse und Schinken belegen, mit Hilfe der Folie zu einer Roulade rollen. Diese halbieren und an den Enden zusammendrücken, damit der Käse nicht raus läuft. In den Einlegeboden legen, Zuckercouleur mit etwas Wasser mischen und die Rolle einstreichen (wegen der Farbe) und Wasser in den Topf geben. Nun **ca. 60 Min./Varoma®/Stufe 6** garen. Nach der halben Garzeit kann man noch Kartoffeln oder Reis in den Garkorb legen und mitgaren. Wer mag, legt noch Gemüse nach Wahl in den Garaufsatz mit rein. Zum Schluss wird der Varoma® entfernt und der Sud mit Speisestärke, Pfeffer, Salz, Paprika, Knoblauch und Pizzawürze abgeschmeckt. Nett anrichten und sich gut schmecken lassen.

Anmerkung: *Schmeckt auch super mit der Currysoße, die man im TM herstellen kann.*

Hähnchenbrust mit Kohlrabi-Käsehaube + Kartoffeln

Sandra Werthebach

Zutaten:

- 4 Hähnchenbrustfilet
- Zitronensaft, Salz, Pfeffer
- 1 Bund Frühlingszwiebeln
- 500 g Kohlrabi, 180 g Käse
- 2-3 Tomaten, 400 ml Gemüsebrühe
- Flüssigwürze, Salz, Pfeffer
- 700 g Kartoffeln
- 1 EL Speisestärke
- 1 Klecks Creme fraiche

Zubereitung:

Hähnchenbrust waschen, mit Zitronensaft beträufeln, salzen und pfeffern. Frühlingszwiebeln in Röllchen geschnitten, Kohlrabi in Stücken in den Mixtopf geben und **20 Sek./Stufe 6** fein mixen und umfüllen. Käse in Stücken **5 Sek./Stufe 5** zerkleinern. 150 g von der Kohlrabimasse zu dem Käse geben, vermischen und auf den Hähnchenbrustfilets verteilen und andrücken. 2 in den Garaufsatz und 2 in den Einlegeboden legen. Tomaten vierteln und dazu legen. Übrig gebliebene Kohlrabimasse in den Topf geben und mit Gemüsebrühe auffüllen. Mit Flüssigwürze, Salz und Pfeffer nach Belieben würzen. Kartoffeln geschält und klein geschnitten ins Garkörbchen füllen und einhängen. Deckel schließen und **30 Min./Varoma®/Stufe 1** garen. Nach der Zeit Garaufsatz abnehmen, Körbchen heraus nehmen. Speisestärke in die Flüssigkeit füllen und **2 Min./90°C/Stufe 1** zu einer Soße binden. Mit Flüssigwürze und Creme fraiche abschmecken.

Hühnerfrikassee

Katja Roß

Zutaten:

- 400 g-500 g Hühnerbrust
- ¼ l Hühnerbrühe (oder Gemüsebrühe)
- 1/8 l trockener Weißwein
- 1/8 l Sahne, 3 gehäufte EL Speisestärke, 1 EL weiche Butter
- 1 gestr. TL Salz, 2 TL Curry
- 2 TL Zucker, 1 Spritzer Zitronensaft
- 1 kleines Glas Spargelabschnitte (ca. 175 g), 100 g Ananasstücke,
- 1 Eigelb, 3 EL Creme fraiche

Zubereitung:

Hähnchenbrust in den Varoma® legen (Einlegeboden mit benutzen). Mixtopf mit Wasser (mit Reis 1 l Wasser) füllen. Varoma® aufsetzen und **25 Min./Varoma®/ Stufe 1** garen. Nach Ablauf der Zeit Varoma® abnehmen und Hähnchenbrust in Würfel schneiden. Brühe ausleeren (evtl. ¼ l für Soße aufheben, dann aber mit Instantbrühe nachwürzen).

Für die Soße: Rühraufsatz einsetzen. Brühe, Weißwein, Sahne, Speisestärke, Butter, Salz, Curry, Zucker, Zitronensaft in den Mixtopf geben und **4 Min./100 °C/ Stufe 2** verrühren. Spargelabschnitte (ca. 5 cm Stücke), Ananasstücke und Hähnchenwürfel dazugeben und nochmals **2 Min./100 °C/Stufe 1** aufkochen lassen. (*) Creme fraiche mit Eigelb verquirlen und das Frikassee damit legieren. (legieren = 1 EL heiße Soße zum Eigelb-Creme fraiche-Gemisch geben und mit Schneebesen gut durchschlagen.) Vorgang so lange wiederholen, bis die Masse ca. 100 ml gegeben hat, dann langsam in die Soße einrühren. Sie darf dabei nicht mehr kochen. Das mit dem Ei im TM getestet: * Temperaturwähler auf 0 stellen, auf **Stufe 2** weiterrühren. Eigelb und Creme fraiche durch die Deckelöffnung dazugeben, **ca. 10 -20 Sek.** rühren. Danach war der Spargel kaum noch zu sehen, hat aber trotzdem sehr gut geschmeckt.

Hackfleisch-Nudel-Rolle

Sandra Kuqi

Zutaten:

Teig:

- 250 g Mehl, 100 ml Milch
- 1 Ei, 1 Pr. Salz, 1 EL Öl

Füllung:

- 1 Zwiebel in Stücken
- 1 Knoblauchzehe
- 500 g gemischtes Hack
- 1 TL Salz, 1 Pr. Pfeffer
- 1 Pr. Pizzawürze, 3 EL Kräuter nach Wahl, 1 Ei

Garsud:

- 1 l lauwarmes Wasser
- 1-2 EL Brühe Instant

Soße:

- ½ Tube Tomatenmark mit Knoblauch
- 2 EL Speisestärke evtl. Reismehl

Zubereitung:

Zutaten für den Teig in den Mixtopf füllen und **1 Min./Stufe 5** verrühren. Zu einer Kugel formen und abdecken. Ruhen lassen. **Hackfüllung:** Topf muss nicht gespült werden. Zwiebel (grobe Stücke) und Knoblauchzehe **10 Sek./Stufe 5** zerkleinern. Hack, Salz, Pfeffer, Pizzawürze, Kräuter nach Wahl, Ei dazugeben und **1 Min./Brotstufe** zu einer homogenen Masse verarbeiten. Topf nicht spülen. Den vorher hergestellten Teig auf einer bemehlten Arbeitsfläche dünn ausrollen und die Füllung darauf verstreichen. Oben und unten ca. 3 cm freilassen und nun zu einer Rolle aufrollen (wie eine Fleischwurst). Nun in den GEFETTETEN Varoma® legen und Deckel schließen. Lauwarmes Wasser mit 1 EL Brühe in den Mixtopf geben. Varoma® darauf setzen und nun **ca. 35 – 45 Min. / Varoma®/Stufe 2** garen. Varoma® entfernen und warm stellen. Nun Tomatenmark mit Knoblauch und Speisestärke zugeben und **2 Min./90-100 °C/Stufe 4** zu einer Soße einkochen lassen und dann abschmecken. Nudelrolle in Scheiben schneiden und mit der Soße servieren. Dazu einen schönen Salat!

Hawaii-Putenschnitzel

Claudia Johannsen

für 4 Personen

Zutaten:

- 4 Putenschnitzel
- Zitronensaft
- 4 Scheiben Ananas, Marmelade (Preiselbeeren o. nach Geschmack)
- 4 Scheiben Käse
- Saft der Ananasdose
- 800 ml Wasser
- 1 EL Brühe Instant, 1 TL Curry
- 1 Pr. Pfeffer aus der Mühle
- 300 g Basmatireis, 1 EL Speisestärke

Zubereitung:

Putenschnitzel salzen, mit Zitronensaft einreiben, je eine Scheibe Ananas auf die Schnitzel geben und in das „Loch" der Ananasscheibe einen Klecks Marmelade füllen. Je 1 Scheibe Käse darüber legen und die Schnitzel in den gefetteten Varoma® geben, 2 Stücke Fleisch in den Varoma® und 2 Stück Fleisch in den Einlegeboden. Saft aus der Dose Ananas mit Wasser auffüllen. Mit Brühe Instant, Curry und Pfeffer würzen. Alles kurz auf **Stufe 10** mischen. Basmatireis ins Garkörbchen einfüllen. Topf schließen, Varoma® aufsetzen und nun **ca. 30 Min./Varoma®/Stufe 2** garen. Nach Garzeitende den Varoma® absetzen und das Garkörbchen entnehmen. Nun Speisestärke in den Mixtopf füllen und **2 Min./100 °C/Stufe 3** zu einer dicklichen Soße verarbeiten. In der Zwischenzeit Schnitzel und Reis auf Tellern anrichten und zum Schluss mit der Soße übergießen.

Hähnchenbrust mit Kohlrabi-Käsehaube

Tanja Braff

Zutaten:

- 4 Hähnchenbrustfilet
- Zitronensaft, Salz, Pfeffer
- 500 g Kohlrabi in Stücken
- 150 - 200 g Käse (Gouda, Emmentaler), 2 Tomaten halbiert
- 450 ml Gemüsebrühe
- 700 g Kartoffeln, 1 EL Speisestärke
- 1 EL Creme fraiche
- Muskat, Salz, Pfeffer
- Frühlingszwiebeln in Röllchen

Zubereitung:

Hähnchenbrustfilets mit Zitronensaft beträufeln und mit Salz und Pfeffer einreiben. Kohlrabi in Stücken in den Topf geben, kurz **Stufe 8** zerkleinern und umfüllen. Käse in Stücken, ebenfalls **3x Turbo** mixen. Von dem Kohlrabi einen Teil zum Käse dazugeben, **Stufe 3** mischen und auf den Hähnchenfilets verteilen und festdrücken.
2 Stücke Fleisch in den Garaufsatz und 2 Stücke Fleisch in den Einlegeboden legen. Tomaten halbieren und ebenfalls in den Gareinsatz legen. Restlichen Kohlrabi in den Mixtopf füllen und Gemüsebrühe auffüllen. Kartoffeln in den Garkorb füllen.
Deckel schließen, Varoma® aufsetzen und alles **30 Min./Varoma®** garen. Varoma® abnehmen und warm stellen. Speisestärke zugeben und nochmals **2 Min./90 °C/Stufe 2** garen. Creme fraiche dazugeben und mit Muskat, Salz, Pfeffer abschmecken.

Hähnchen chinesisch

Sandra kuqi

Zutaten:

- 1 l Wasser
- 1 Hühnerbrust
- 4 EL Sojasoße
- 1 EL Honig
- Gemüse nach Wahl (Zwiebeln, Paprika, Wurzeln etc.)
- 250 g Reis
- 1 EL Quark
- 1 EL Stärke
- 1 TL gekörnte Brühe

Zubereitung:

Hühnerbrust in Streifen schneiden und die Sojasoße mit Honig verrühren. Fleisch darin mind. 2 Std. ziehen lassen. Wasser in den Mixtopf geben, salzen, Reis in den Gareinsatz legen und Deckel verschließen. Garaufsatz mit klein geschnittenem Gemüse befüllen. Einlegeboden einlegen, Fleisch darauf verteilen, Deckel verschließen und **30 Min./Varoma®/Stufe 1** garen. Varoma® entfernen und Reis entnehmen und warm stellen. Soße mit den restlichen Zutaten nochmals kurz **90 °C/Stufe 5** aufkochen. Eventuell mit Sojasoße und Honig abschmecken.

Hähnchenbrust mit Reis

Anja Kranebitter

Zutaten:

- 2 Hähnchenbrustfilet
- 1 Zwiebel
- 1 Knoblauchzehe, 1 Möhre
- 1 Stange Lauch, 1 rote Paprika
- Etwas Butter oder Öl
- 1 Dose Pizzatomaten
- 400 ml Wasser, 200 g Parboiled Reis
- 1 TL Gemüsebrühe, 1 TL Pizzawürze
- Etwas Chili, Salz, Pfeffer
- Petersilie

Zubereitung:

Zwiebel, Knoblauchzehe, Möhre in groben Stücken in den Mixtopf legen und **5 Sek./Stufe 7** zerkleinern. Lauch klein geschnitten, Paprika in Würfel geschnitten, Butter zugeben und **2 Min./Varoma®/Rührlöffel** andünsten. Pizzatomaten, Wasser, Parboiled Reis, Gemüsebrühe, Pizzakräuter, etwas Chili, etwas Salz in den Mixtopf geben, Reis in das Garkörbchen und einhängen. Den Deckel schließen und Varoma® mit Gemüse füllen. Die klein geschnittene Hähnchenbrust in den Einlegeboden legen. Varoma® aufsetzen und nun **30 Min./Varoma®/Stufe 1** kochen. Alles zusammen in einer Schüssel anrichten und mit Petersilie garnieren.

Helgoländer Rotbarschfilet

für 2 Personen

Zutaten:

- 150 g Wurzeln (Karotten)
- 1 kleine Porreestange (Lauch)
- 100 g Langkornreis
- 150 ml Gemüsebrühe
- 100 ml Weißwein, 200 ml Wasser
- 2 Rotbarschfilets je ca. 180 g
- 1 EL Zitronensaft, Salz, gem. Pfeffer
- 2 EL Creme fraiche
- 3 EL Tomatenketchup
- Paprikapulver edelsüß
- 1 EL Butter

Zubereitung:

Wurzeln schälen, putzen und in Stücke schneiden. Porree in Ringe schneiden und waschen. Reis ins Garkörbchen füllen und kurz unter fließendem Wasser spülen. Gemüse in den Einlegeboden legen. Fischfilets unter Wasser abspülen, trocken tupfen und mit Zitronensaft beträufeln. Salzen und pfeffern und in den Varoma® legen. Wasser, Wein und Brühe in den Mixtopf füllen. TM verschließen, Varoma® mit Einsatz aufstellen, ebenfalls verschließen und **30 Min./Varoma®/Stufe 1** garen. Nach Garzeitende Varoma® entfernen. Reis in eine Schüssel füllen und Gemüse unter den Reis mischen. Creme fraiche und Ketchup, Salz, Pfeffer und Paprikapulver abschmecken. Nun nochmals kurz **2 Min./100 °C/Stufe 2** kochen. Petersilie abspülen, trocken tupfen und die Blättchen von den Stängeln zupfen. Einige Blättchen zum Garnieren beiseitelegen. Restliche Blättchen fein schneiden. Reis mit der Gabel auflockern und die Butter unterrühren. Rotbarsch mit Petersilie bestreuen, mit Reis und Soße anrichten und mit den Petersilienblättchen garniert servieren.

Hähnchencurry

Ilona Graf

für 4 Personen

Zutaten:

- 500 g Hähnchen o. Putenbrustfilet
- 2 rote Paprikaschoten
- 1 Bund Frühlingszwiebeln
- 2 TL rote Currypaste (Asialaden)
- Sojasoße, 1 Glas Bambussprossen
- 1 Glas Mungobohnenkeimlinge
- 200 ml Kokosmilch, Currypulver
- ¼ TL gemahlener Koriander
- 200 g Jasmin oder Basmatireis
- 1 l Wasser

Zubereitung:

Hähnchen oder Putenbrustfilet in Streifen, Paprikaschoten in Stücke, Frühlingszwiebeln (ca. 6 Stück) in Ringe schneiden. Wasser in den TM füllen und den Garkorb einhängen. Nun Reis einwiegen und **ca. 1 Min./Stufe 5** gut durchwaschen. Gemüse vorbereiten. Bambussprossen und die Mungobohnenkeimlinge abtropfen lassen. Fleisch zusammen mit der Paprika, den Frühlingszwiebeln, den Bambussprossen und den Mungobohnenkeimlingen in eine Schüssel geben und mit ca. 2 EL Sojasoße und 2 TL Currypaste mischen. Nun alles im Garaufsatz und auf dem Einlegeboden verteilen. (Es müssen Schlitze frei bleiben.). Deckel aufsetzen und Varoma® aufstellen nun **30 Min./Varoma®/Stufe 1** garen. Alles entnehmen und warm stellen. Garflüssigkeit auffangen und 100 ml davon wieder in den TM geben. Kokosmilch zufügen und nochmals **3 Min./90 °C/Stufe 2** aufkochen und abschmecken. Soße über das Fleisch geben und mit dem Reis servieren.

Hühner-Kapern-Frikassee mit Reis

Katja Roß

Zutaten:

- 200 g Reis, 900 ml Wasser
- 500 g Hähnchenbrustfilet
- 2 Zwiebeln geviertelt
- 2 Möhren in grobe Stücke
- 1 Glas in Stücke geschn. Spargel
- 5 TL Hühner- o. Gemüsebrühe
- 60 g Speisestärke
- Saft von 1 Zitrone
- 100 g Sahne oder Schmand
- 1 Schuss Weißwein, 1-2 TL Kapern

Zubereitung:

Reis in den Gareinsatz geben und kurz **3x Turbo** mit Wasser spülen. Wasser abgießen und neues ca. 900 ml Wasser in den Mixtopf füllen und Gareinsatz wieder einhängen. Hähnchenbrustfilet in Stücken in den Varoma® legen, Zwiebeln, Möhren dazu geben und **30 Min./Varoma®/Stufe 1** garen. Nach 20 Min. den in Stücke geschnittenen Spargel in den Einlegeboden geben und mit erhitzen. Varoma® abnehmen und Reis warm stellen. Garflüssigkeit mit Wasser bis auf 750 ml auffüllen und Hühner- oder Gemüsebrühe, Speisestärke, Zitronensaft, Sahne oder Schmand und den Weißwein (nur wenn Kinder nicht mit essen) dazugeben und nochmals **2 Min./100 °C/Stufe 2** mischen. Hähnchen, Möhren und Zwiebeln sowie 1-2 TL Kapern dazugeben und **10 Sek./Stufe 3** mischen. Zum Schluss noch den Spargel dazugeben oder alles in eine Schüssel geben und mischen.

Hähnchenbruststreifen in Sherrysahne mit Gemüse

Zutaten:

- 4 Hähnchenbrustfilet
- 400 g Broccoliröschen
- 150 g Möhren in Scheiben
- 200 g Champignons frisch in Scheiben, 200 g Reis
- 100 g Zwiebel, 200 ml Sahne
- 50 g Sherry, 1 l Wasser
- 1 EL Gemüsebrühe
- 1 Pr. Pfeffer, 1 Pr. Zucker
- 2 EL Olivenöl, 2 EL Speisestärke
- 1 EL Kräuter

Zubereitung:

Broccoliröschen, Möhren und Champignons in den Varoma® geben. Reis im Garkörbchen einwiegen und kurz spülen. Zwiebel **5 Sek./Stufe 5** zerkleinern.
Sahne, Sherry, Wasser, Gemüsebrühe, Pfeffer, Zucker dazugeben und alles kurz auf **Stufe 4** mixen. Garkorb einhängen und Deckel schließen. Hähnchenbrust waschen, trocken tupfen und in Streifen schneiden. Nun in Öl kurz in der Pfanne anbraten und anschließend in den Einlegeboden legen. Varoma® aufsetzen und **30 Min./Varoma®/Stufe 2** kochen lassen. Nach Garzeitende Varoma® und Reis warm stellen. Nun Speisestärke und Kräuter zugeben und alles nochmals **2 Min./90 °C/Stufe 2** andicken lassen.

Hähnchen süß-sauer

Rosi Bilk

Zutaten:

- 400 g Hähnchenbrust o. Putenschnitzel
- 4 EL Sojasoße, 250 g Basmatireis
- 500-600 g gemischtes Gemüse (Brokkoli, Pilze, Chinakohl, Weißkohl, Karotten, Paprika, Zuckerschoten, Sojabohnenkeimlinge, Zucchini etc.)
- 1 kleine Dose Ananas in Stücken
- 1 EL Chinawürze, 600 ml Wasser
- 1 TL Gemüsebrühe Instant

Soße:

- 250 ml Garsud
- 3 EL Speisestärke
- 1 TL Salz, 1 TL Curry, ½ TL Pfeffer
- 200-250 ml Ananassaft
- 1 EL Sojasoße, 1 EL Essig
- 1 TL Zucker

Zubereitung:

Hähnchenbrust oder Putenschnitzel, in Streifen schneiden und mit Sojasoße in einen Gefrierbeutel geben. Diesen zubinden und ca. 2 Std. marinieren lassen. Basmatireis in den Garkorb geben und unter fließendem Wasser abspülen. Gemüse in den Garaufsatz geben. Ananas in Stücken auf dem Gemüse verteilen, aber den Saft aufbewahren und das Fleisch darauf verteilen und mit Chinagewürz würzen. Eventuell noch den Einlegeboden mit dazunehmen und Varoma® verschließen. Wasser, Gemüsebrühe in den Mixtopf geben, Garkorb einhängen, Mixtopf verschließen. Varoma® aufsetzen und **ca. 30 Min./ Varoma®/Stufe 2** garen. Varoma® und Garkorb entfernen und warm stellen. Mixtopf leeren und Garbrühe auffangen.

Soße: Soßenzutaten in den Mixtopf geben und **4 Min./100 °C/Stufe 3** kochen lassen. Reis mit dem Gemüse mischen, das Fleisch anrichten und mit Soße übergießen. Schmeckt wie beim Chinamann.

Hackbällchen-Auflauf mit Gemüse

für 4 Personen

Zutaten:

- 1 kleine Zwiebel
- 250 g gemischtes Hack
- ½ TL Salz, ¼ TL Pfeffer, etwas Chili
- 4 EL Semmelbrösel, 2 Eigelb (für die Hackbällchen), 750 g Wasser
- 800 g fest kochende Kartoffeln
- 500 g Wurzeln, 40 g Butterschmalz
- Butter zum Einfetten der Form
- 500 g Lauch, ¼ l Fleischbrühe
- 200 g Creme fraiche
- 300 g Schmelzkäse (für die Soße)
- 3 Eigelb (für die Soße)
- 3 Pr. Muskatnuss, 1 Pr. Zucker
- 50 g Schmelzkäse (zum Überbacken), Schnittlauch

Zubereitung:

Zwiebel schälen und auf **Stufe 5** zerkleinern. Hackfleisch, Salz, Pfeffer, Chili, Semmelbrösel und Eigelb dazu geben und **1 Min./↺/Stufe 4** mischen. Hackmasse umfüllen und Mixtopf säubern. TM mit Wasser befüllen und den Garkorb einsetzen.

Kartoffeln schälen, vierteln und in den Garkorb legen, Topf schließen.

Wurzeln schälen, würfeln und in den Varoma® geben und verschließen. Varoma® aufsetzen und **30 Min./Varoma®/Stufe 1** garen. In der Zwischenzeit aus der Hackmasse kleine Bällchen formen und in Butterschmalz in einer Bratpfanne 4 Min. von allen Seiten anbraten. Auflaufform einfetten, Lauch putzen und in Ringe schneiden. Wurzeln und Kartoffeln etwas abkühlen lassen, die Kartoffeln in Scheiben schneiden. Garflüssigkeit entfernen und Mixtopf spülen. Fleischbrühe und Creme fraiche einfüllen und **5 Min./100 °C/Stufe 3** erhitzen. Schmelzkäse hinzufügen und nochmals **5 Min./100°C/Stufe 3** zu Ende garen. In den letzten 3 Min. 3 Eigelb dazugeben und mit Muskatnuss würzen. In die gefettete Auflaufform eine Lage Kartoffelscheiben schichten, dann eine Lage Karottenwürfel, danach eine weitere Lage Kartoffeln und dann den Lauch. **WICHTIG:** Nach jeder Schicht mit der Käsesoße übergießen. Zum Schluss die Hackbällchen obendrauf legen. Die restlichen 50 g Schmelzkäse in Scheiben schneiden und die Hackbällchen damit belegen. Im vorgeheizten Backofen bei 225 °C ca. 30 Min. überbacken. Mit frischen Schnittlauchröllchen überstreut servieren.

Hessischer Kartoffeltopf

Zutaten:

- 700 ml Wasser
- 1 kg kleine, fest kochende Kartoffeln

Soße:

- 1 Zwiebel, 100 g durchw. Speck o. Schinken, 200 ml Wasser
- 200 g süße Sahne, 2 EL Gemüsebrühe, 2 EL gehhackte Petersilie
- etwas Flüssigwürze
- Pfeffer, 3 EL Speisestärke
- 2 Lorbeerblätter

Zubereitung:

Wasser in den Mixtopf geben, Kartoffeln in den Varoma® legen und **35 Min./ Varoma®/Stufe 2** garen. Die Kartoffeln kalt abschrecken, schälen, in etwas dickere Scheiben schneiden und in einer Schüssel warm stellen.

Soße: Zwiebel **5 Sek./Stufe 5** zerkleinern, Speck oder Schinken dazu geben und **5 Min/Varoma®/Stufe 2** anbraten. Wasser, süße Sahne, Gemüsebrühe, gehackte Petersilie, etwas Flüssigwürze, Pfeffer, Speisestärke zugeben und **Stufe 4** vermischen. Nun **5 Min./100 °C/Stufe 2** andicken lassen. Während des Garens unbedingt 2 „geknickte" Lorbeerblätter zugeben, die sind für den Geschmack ganz wichtig. Und geknickt deshalb, es treten sonst nicht die ätherischen Öle aus.
Diese Soße nun über die Kartoffeln gießen und servieren. Mit rote Beete Salat und Frikadellen oder Bratwurst servieren.

Hacksteaks mit Biersoße

Martina Shawky

für 4 Personen

Zutaten:

- 1 altes Brötchen
- 0,33 l dunkles Bier
- 1 mittelgroße Zwiebel
- 1 gelbe Paprikaschote
- 1 grüne Paprikaschote
- 1 rote Paprikaschote
- 500 g gemischtes Hackfleisch
- 2 Eier, ½ TL Salz, ¼ TL Pfeffer
- 3 Pr. Paprika edelsüß, 1 Pr. Zucker
- 1 l Wasser, 1 TL Salz, 800 g Kartoffeln, 2 EL Öl, 200 ml Sahne

Zubereitung:

Brötchen ca. 5 Min. in 250 ml Bier einweichen. Die Zwiebel schälen und im Mixtopf auf **Stufe 5** zerkleinern. Die Paprikaschoten putzen, waschen und in Streifen schneiden. 1/3 der Paprikastreifen klein würfeln. Das Brötchen gut ausdrücken und in den Mixtopf geben. Hackfleisch, die Paprikawürfel, die Eier, Salz, Pfeffer, Paprika edelsüß **30 Sek./↺/Stufe 4** mischen. Vom Fleischteig Hacksteaks formen und den Mixtopf säubern. Wasser, Salz in den Mixtopf geben und den Garkorb einsetzen. Die Kartoffeln schälen, waschen und vierteln, in den Garkorb legen und den Mixtopf verschließen. Die Paprikastreifen in den Varoma® legen und aufsetzen.

Alles **30 Min./Varoma®/Stufe 1** garen. In der Zwischenzeit Öl in einer Pfanne erhitzen und die Hacksteaks unter Wenden 12 bis 15 Min. gut durch braten. Die Hacksteaks aus der Pfanne nehmen und warm halten. Den Bratensatz mit dem restlichen Bier ablöschen, die Sahne hinzufügen und ca. 1 Min. einkochen lassen. Mit Salz und Pfeffer abschmecken. Die Hacksteaks mit Paprikagemüse, Kartoffeln und Biersoße anrichten.

Indisches Gemüse

Zutaten:

- 1 große Zwiebel
- 1 Stück Ingwer
- 1 Knoblauchzehe
- 2 EL Öl, Kurkuma
- Garam Marsala
- Kardamom
- 2-3 Auberginen
- 2 Tomaten in Würfel
- 1,5 l Gemüsebrühe
- 400 g Reis

Zubereitung:

Zwiebeln, Ingwer, Knoblauch und Öl in den TM geben und **3 Min./100 °C/ Stufe 1** glasig andünsten und im Varoma® verteilen. In Kurkuma, Garam Masala und Kardamom gewendete Auberginen und Tomatenwürfel dazugeben. Dann die Gemüsebrühe in den Mixtopf geben, bis maximal Markierung im Topf. Reis in den Gareinsatz geben und den Varoma® oben drauf setzen. Das Ganze dann **40-45 Min./Varoma®/Stufe 2** garen.

Indisches Huhn

Manuela Kranjcec

für 4 Personen

Zutaten:

- 4 Hähnchenbrustfilet
- etwas Kräutersalz
- 500 g Möhren, 200 g Reis
- 2 Brühwürfel o. 3 EL Instantbrühe
- 750 ml Wasser
- 1 Dose Cocktailfrüchte
- 250 ml Garflüssigkeit
- 200 ml Sahne
- 2 TL Curry, ½ TL Salz, 2 EL Mehl
- Paprikapulver, Sojasoße

Zubereitung:

Hähnchen waschen und in Streifen schneiden, dann mit Kräutersalz würzen und auf den Einlegeboden legen. Möhren in Scheiben schneiden und in den Varoma® legen. Reis in das Garkörbchen geben und kurz spülen. Brühwürfel und Wasser in den Mixtopf geben. Garkorb einhängen und Einlegeboden in den Varoma® geben, aufsetzen und **30 Min./Varoma®/Stufe 2** garen. Varoma® abnehmen und warm halten. Reis aus dem Garkorb in eine Schüssel füllen und ebenfalls warm halten. Cocktailfrüchte in ein Sieb schütten, Garflüssigkeit, Saft der Cocktailfrüchte, Sahne, Curry, Salz, Mehl in den TM geben und nochmals **4 Min./100 °C/Stufe 4** mischen. Eventuell mit Paprikapulver, Sojasoße etc. abschmecken, in eine Schüssel füllen, die Cocktailfrüchte unterheben und kurz ziehen lassen. Hähnchenbrust mit der Soße in eine Schüssel geben und Möhren separat reichen.

Jägerklößchen

Claudia Johannsen

Zutaten:

Klößchen:
- ½ kg gemischtes Hack
- 2 kleine Zwiebeln, 1 Ei
- 40 g Paniermehl
- 1 TL Salz, ¼ TL Pfeffer

Gemüse:
- ½ Paprikaschote in Stücken
- 500 ml Wasser
- 2 EL Fleischbrühe

Soße:
- 2 mittlere Zwiebeln
- 20 g Butter, 400 ml Garsud
- 300 ml Cremefine
- 2 EL Sojasoße, 1 TL Senf
- 2 TL Paprikapulver edelsüß
- 1 Dose Champignons
- 1 TL Tomatenmark

Garkörbchen:
- 200-300 g Reis

Zubereitung:

Zwiebeln pellen, vierteln und **5 Sek./Stufe 5** zerkleinern. Die anderen Zutaten hinzugeben und **2 Min./Stufe 3** mischen. Daraus kleine Klößchen formen und auf den Einlegeboden legen. Paprikaschote in kleine Würfel geschnitten in den Garaufsatz legen. Wasser, Fleischbrühe in den gereinigten Mixtopf füllen, Garaufsatz aufsetzen und **30 Min./Varoma®/Stufe 1** kochen. Zwiebel **5 Sek./Stufe 3** zerkleinern. Butter zugeben und **2½ Min./Varoma®/Stufe 1** dünsten. Restliche Zutaten, außer Tomatenmark und Pilzen, zugeben und nochmal **4 Min./Varoma®/Stufe 3** köcheln lassen. Tomatenmark, Paprika und Champignons zugeben und **3 Min./Varoma®/Stufe 2/↺** köcheln lassen. Dazu Reis oder Nudeln und Salat.

Kartoffel-Schmand-Auflauf

Sandra Kuqi

Zutaten:

- 2 kg festkochende Kartoffeln
- 2 Becher Schmand
- 200 ml Schlagsahne
- Salz, weißer Pfeffer
- Muskatnuss
- 170 g Käse (Gouda, Höhlenkäse)
- Margarine für die Auflaufform

Zubereitung:

Käse in Stücken in den Mixtopf geben und **10 Sek./Stufe 5** zerkleinern und umfüllen. Kartoffeln waschen, schälen und vierteln oder in Scheiben schneiden. Die Kartoffeln in den Varoma® legen und **30. Min/Varoma®/Stufe 1** garen. Die Kartoffeln in eine gefettete Auflaufform geben. Schmand, Sahne und Gewürze in den Mixtopf füllen und **8 Sek./Stufe 4** mischen, danach über die Kartoffeln gießen und etwas unterheben. Jetzt mit dem Käse bestreuen und auf mittlerer Schiene im Backofen bei 180 °C ca. 25 – 30 Min. goldbraun backen.

Kartoffelkloßring mit Möhren-Kohlrabisoße

Zutaten:

Kloßteig:

- 1 kg mehlige Kartoffeln (am Vortag kochen)
- 80 g Mehl, 80 g Hartweizengrieß
- 80 g Speisestärke, 2 TL Salz, Muskat
- 2 Eier, 2 kleine Zwiebeln
- 300 g Kohlrabi, 400 g Wurzeln (Möhren), 100 g Porree, 800 ml Wasser, 1 EL Gemüsebrühe Instant
- 1 Pr. Zucker, 1 Pr. Salz, 1 EL Creme fraiche, etwas gehackte Petersilie

Zubereitung:

Kartoffeln schälen, vierteln und **35 Min./Varoma®** kochen. In den Kühlschrank stellen. Am nächsten Tag die Kartoffelstücke in den Mixtopf füllen, **1 Min./Stufe 4** zerkleinern und mit Mehl, Hartweizengrieß, Speisestärke, Salz und Muskat nach Belieben würzen. Eier dazugeben und **20 Sek./Knetstufe** verrühren, Spatel zur Hilfe nehmen. Teig auf einer bemehlten Arbeitsfläche zu einer Rolle formen (Hufeisenform) und in den Varoma® legen. Danach Topf spülen. Zwiebeln **5 Sek./Stufe 5** zerkleinern. Nun Kohlrabi, Wurzeln, Porree, in Stücke schneiden und in den Mixtopf geben. Mit Wasser auffüllen und Gemüsebrühe, Zucker, Salz zugeben. Varoma® aufsetzen und **30 Min./↺/Varoma®/Stufe 1** dünsten. Varoma® entfernen und nun noch **20 Sek./Stufe 10** pürieren. Creme fraiche und Petersilie kurz untermischen und Kloßring stürzen. Den Ring in Scheiben schneiden und mit der Soße anrichten. Dazu grobe Bratwurst.

Kassler mit Gemüse, Kartoffeln und Quark

Zutaten:

- ½ l Wasser
- 1 TL Gemüsebrühe
- Kartoffeln geschält, zerkleinert
- Salz, ½ P. Tiefkühlgemüse
- Kräutersalz
- Kassler
- Kräuterquark

Zubereitung:

Wasser in den Mixtopf geben und Gemüsebrühe hinzufügen. Geschälte und etwas zerkleinerte gesalzene Kartoffeln in den Gareinsatz legen. Deckel darauf legen und den Varoma® oben drauf setzen. In den Varoma® eine halbe Packung tief gefrorenes Gemüse, mit Kräutersalz gewürzt, legen. Auf das Gemüse die Kasslerstreifen legen. Das Ganze **30 Min./ Varoma® /Stufe 1** dünsten. Serviert wird es mit einem Klecks Kräuterquark.

Kartoffel-Ravioli mit Kräuterfrischkäse gefüllt und Zucchinisoße

Zutaten:

- 100 g Käse in Stücken
- 500 g mehlig kochende Kartoffeln, 500 ml Wasser
- 1 Frischkäse ohne Kräuter
- 1 Knoblauchzehe gequetscht
- 3 EL Kräuter (frisch o. TK Ware)
- Salz, Pfeffer, 180 g Mehl
- 2 Eigelb, 3 EL Distelöl, 1 TL Salz
- 1 kg Zucchini, 1 Zwiebel
- Knoblauchzehe, 1 EL Gemüsebrühe
- Instant, etwas Zucker
- Salz, 1 EL Speisestärke
- etwas Sahne o. Creme fraiche

Zubereitung:

Käse in Stücken in den Mixtopf geben, auf **Stufe 7** zerkleinern und umfüllen. Kartoffeln, geschält und geviertelt, im Garkörbchen mit Wasser **20 Min./Varoma®** garen und dann herausnehmen.

Den Garsud auffangen. Frischkäse, zerdrückte Knoblauchzehe, den geriebenen Käse, Kräuter, Salz, Pfeffer in den Mixtopf füllen und **20 Sek./Stufe 5** mischen. Umfüllen, dabei den Topf nicht spülen.

Nun Mehl, Eigelb, Distelöl, Salz und die vorgekochten Kartoffeln dazugeben und alles **ca. 1 Min./Stufe 5** mischen. Teig entnehmen und auf einer bemehlten Arbeitsfläche zu einer Rolle formen. Diesen in Stücke schneiden, flach drücken und den Topf spülen. Nun in die handtellergroßen Fladen einen Klecks Käsemasse geben, umklappen und festdrücken. Eine Hälfte im gefetteten Varoma® verteilen, die andere Hälfte im Einlegeboden verteilen. Zucchini in Stücke geschnitten in den Mixtopf füllen und **15 Sek./Stufe 8** zerkleinern.

Zwiebel, Knoblauchzehe dazugeben und ebenfalls kurz zerkleinern. Nun noch Instant Gemüsebrühe, etwas Zucker und Salz nach Geschmack zugeben und alles mit dem Kartoffelsud auffüllen. Kurz **10 Sek./Stufe 5** mischen. Varoma® aufsetzen und **30 Min./Varoma®/Stufe 2** kochen lassen. Varoma® beiseite stellen und nun noch kurz Speisestärke und etwas Sahne zugeben und **2 Min./90 °C/Stufe 3** kochen. Zusammen anrichten.

Kabeljaufilet mit Limettensoße

Hannelore Schreiber

Zutaten:

- 200 g Basmatireis
- Gemüse nach Geschmack
- 750 ml Wasser, 400 g Kabeljaufilet
- Salz, Pfeffer, Limettensaft
- 1-2 Lauchzwiebeln

Limettensoße:

- Saft einer Limette, ½ l Garflüssigkeit (ein Drittel kann durch Sahne ersetzt werden), 2 EL Reismehl
- Gemüsebrühe, Pfeffer
- Hefeflocken

Zubereitung:

Gemüse nach Geschmack in den Varoma® legen und mit etwas Gemüsebrühe bestreuen. Wasser in den Mixtopf geben. Basmatireis in den Gareinsatz geben und **35 Min./Varoma®/Stufe 1** kochen. Kabeljaufilet salzen, pfeffern und mit Limettensaft beträufeln und in den Einlegeboden legen. Lauchzwiebeln in Ringe schneiden, auf das Fischfilet geben, ca. 15 Min. vor Ablauf der Zeit Einlegeboden in den Varoma® dazulegen und fertig garen. Anschließend alles umfüllen und warm stellen.

Limettensoße: Saft einer Limette, Garflüssigkeit, Reismehl, Gemüsebrühe, Pfeffer, und Hefeflocken **3 Min./100 °C/Stufe 3** kochen. Hefeflocken gibt es im Reformhaus, kann man aber auch weglassen.

Kartoffel-Kötbollar

Zutaten:

- 300 g Kartoffeln
- 750 g Rinderhack
- 250 g Mett oder
  1 kg gemischtes Hack
- 1-2 Zwiebeln, 3-4 Eier, 2 TL Senf
- evtl. 1 EL Quark
- je ca. 2 EL Petersilie und Dill
  (TK-Ware)
- Pfeffer, Salz
- Piment, Ingwer

Rezept aus Schweden

Zubereitung:

Kartoffeln waschen, schälen, in Stückchen schneiden und in den Garkorb füllen. Garkorb einhängen und Deckel schließen. Nun **20 Min./100 °C/Stufe 1** garen. Anschließend direkt durch die Kartoffelpresse in eine Schüssel drücken und abkühlen lassen. Zwiebeln **5 Sek./Stufe 5** zerkleinern, restliche Zutaten zugeben und zu einem Hackfleischteig **Stufe 3** vermengen. Hackmasse zu den Kartoffeln geben und vermengen, ca. 25 Kötbollar formen und in einer Pfanne braten. Dazu passen Brot oder Pellkartoffeln. Die Kötbollar schmecken auch kalt.

Kabeljaufilet mit Paprika

Hannelore Schreiber

Diätrezept, 4 Portionen

Zutaten:

- 500 g Paprika rot und gelb, in Stücken
- 1 TL Olivenöl
- 600 g Kabeljaufilet, evtl. TK, dann vorher im Kühlschrank fast auftauen lassen, ½ TL Salz
- 2 Pr. Pfeffer, 2 EL Zitronensaft
- 700 g Gemüsebrühe, 500 g Kartoffeln geschält, in Stücke geschnitten, 100 g Frischkäse, 1 EL Petersilie gehackt, 20 g Mehl

Soße:

- 250 g Garflüssigkeit
- ½ P. Frischkäse ohne Kräuter
- 2 EL Mehl, etwas gehackte Petersilie
- Salz

Zubereitung:

Paprikastücke in den Mixtopf geben und **5 Sek./Stufe 3** zerkleinern. Olivenöl zugeben und **2 Min./100 °C/Stufe 1** dünsten und in den Varoma® umfüllen. Fischfilet mit Salz, Pfeffer, Zitronensaft würzen und auf den Paprikastücken verteilen. Gemüsebrühe in den Mixtopf füllen und Gareinsatz mit den Kartoffelstücken einhängen. Garzeit: **30 Min./Varoma®/Stufe 1**. Nach Ende der Garzeit den Fisch, Gemüse und Kartoffeln warm stellen und die Soße zubereiten. Garflüssigkeit, Frischkäse und Mehl **2 Min./100 °C/Stufe 4** kochen lassen, dann auf **Stufe 1** runter stellen.
Petersilie durch die Deckelöffnung zugeben und **30 Sek.** unterrühren. Mixtopf sofort aus dem Gerät nehmen. Soße ggf. noch mit Salz abschmecken und mit Fisch und Gemüse servieren.

Die kleinen Unterschiede

vom TM 21, TM 31 und vom TM 5

TM 21	TM 31	TM 5
Rühren: Stufe 1-3, 100-1000 U/Min.	Sanftrührstufe: Kochlöffelsymbol,. 40 U/Min.	Sanftrührstufe: 40 U/Min.
Mixen/Pürieren: Stufe 4–9, 2000–9100 U/Min.	Rühren: Stufe 1–3, 100–500 U/Min.	Rühren: Stufe 1–3, 100–500 U/Min.
Turbomixen: „Turbo", 12.000 U/ Min.	Mixen/Pürieren: Stufe 4–9, 1100–7600 U/Min.	Mixen/Pürieren: Stufe 4–10, 1100–10200 U/Min.
Brotstufe: Intervall, ca. 6000 U/Min.	Turbo: Stufe 10 o. Turbotaste, 10200 U/Min.	Turbomixen Turbo: 10700 U/Min.
	Brotstufe- ähnlich wie bei TM 21 + automatischer Linkslauf	Brotstufe: Durch Zuschalten der Ähre, arbeitet das System automatisch mit allen Einstellungen

* U/Min. = Umdrehungen/Minute
Bei der Umrechnung der Rezepte von TM 21 auf TM 31 ist nur auf die Stufen 3 und 4 zu achten. Stufe 3 mixt beim TM 31 schon, während beim TM 21 noch gerührt wird. Alles andere ist gleich! Bitte beachten Sie, dass die Rezepte vom TM 5 auf den TM 31 immer die Mengenangaben zu beachten sind, da der TM 5 (200 ml) mehr Fassungsvermögen hat.

AB SOFORT ERHÄLTLICH!

Abgedampft!

Band 2